JN251806

神社仏閣は宝の山

桜井識子

ハート出版

まえがき

この本を手に取っていただきありがとうございます。

本書は『神さまと繫がる神社仏閣めぐり』(ハート出版)で書ききれなかった、長野～関東地方の神社やお寺のご紹介をしており、関東地方第2弾とも言える本です。関東を訪れた時期は前著と同じ昨年の秋から初冬にかけてになります。ですので、もしかしたら現在、書いている内容と若干違う部分があるかもしれませんが、そこのところはご理解いただきますようお願い申し上げます。

どのような神仏がいてどのような会話を交わしたのかをご紹介しているのですが、その詳しい説明をする時に神仏に関する様々な情報も書いております。関東に行く予定がないという方もお近くの神社仏閣巡りに、この部分を活用していただけるのではないかと思います。

『神さまと繫がる神社仏閣めぐり』は神社仏閣のご紹介だけでしたが、今回はスピリチュアルなお話も4つ入れています。

早世されたお子さんについて知りたいというメッセージをいただくことがたまにあって、そこには亡くなったお子さんに対する想いが切々と記されており、涙なしには読めないことがあります。以前、このお話はブログでさらっと書いたことがあったのですが、うまく伝わる内容ではなかったため、今回改めて書かせていただきました。

ストレスが自分の体を傷つけるお話は、自分の体験をもとに書いています。ストレスは良くないと医学的にあちこちで言われていますが、本当にそうなんだなと実感したその顛末記です。

見える聞こえる能力は特別ではなく、どなたでもその「芽」は持っておられるのですよ、というお話のところでは読者の方がどんなに神仏に愛されているかを書いていますし、霊能力には違う種類もある、という説明もさせていただいております。

聖域が波動の高い場所ならば、そこで働いている人は高波動でみんないい人のはずなのに、どうして性格が良くない人がいるのでしょうか？　という質問に答える波動のお話も書いています。

さらに、今まで書くことにためらいがあった、出羽三山の神様方は亡くなった人と会わせてくれる力を持っている、というお話も入れています。

このまえがきを書く数日前に、私は病院に定期検査に行きました。ブログには書いているのですが、私は「橋本病」という病気を持っています。

橋本病は甲状腺に慢性の炎症が起きている病気で、その炎症の原因は自己免疫です。ほとんどの橋本病患者は甲状腺が腫れていても、甲状腺機能は正常なのだそうです。ただ、炎症が進んでいくと甲状腺の働きが低下して、甲状腺機能低下症になる可能性があります。中年女性の10人に1人はいると言われている橋本病ですが、甲状腺機能が正常であるうちは投薬はしませんし、定期的に検査に行くだけです。

定期検査と言っても私の場合はサボり気味で、年に1回も行かず……ちょっとの間放置していました。さすがにそろそろ行かないと異常があったら困ると思い、行ってきたのでした。


詳しい血液検査と尿検査、甲状腺の超音波検査をしたのち、診察室に呼ばれました。

先生は若い女医さんで、開口一番、

「橋本病……ではありませんね」と言います。

は？　となりました。

先生は血液検査の結果を指し示し、丁寧に説明をしてくれました。橋本病であるという判断をしていた項目の数値が今までは高くて陽性だったのですが、それが陰性になっており、他の甲状腺に関する項目もすべて正常だったのです。加えて、超音波検査の結果も正常で異常がどこにもない、とのことでした。

「えっと……？　これは、治ったということなのでしょうか？」

「たま〜〜〜にあるんですよ、陽性から陰性になることが」

この病院は全国的に有名な、設備の整った甲状腺疾患専門病院です（神戸にあります）。他府県からも多く患者さんが行くせいか、先生の人数が多いのに混み具合が半端ないです。そんな専門病院の専門医ですから、診断に間違いはありません。

「今後は定期検査も必要ないでしょう。もし何か気になることや異常がありましたら、いつでもまた来て下さい」

病院を出てからしばらくぼ〜っと考えながら歩きました。診断ミスちゃうよなぁ？と……。それくらい信じられませんでした。


前回の検査後、本に書くために私は多くの神社仏閣を訪れています。2冊目以降の本に書いたところは全部そうですし、熊野三社は数回行きました。数多くの高波動の神仏にお参りして良い波動をたくさんいただき、霊山にも多く登りました。各地で見つけたパワースポットにもしっかり立ってきました。

私は「橋本病を治して下さい」ということは、どこの神仏にも一切お願いはしていません。治るものではないし、甲状腺機能さえ低下しなければ特別どうということもないので気にしていなかったのです。

願掛けをしていないのに治ったということは、これはもう高波動の影響としか考えられないです。どこの神社仏閣が良かったのだろう……とあれこれ考えてみましたが、1ヶ所だけの効果ではないように思います。複数の神社仏閣の高波動の恩恵ではないかと思っています。


まえがきは、原稿を仕上げた時点から1ヶ月くらい後に書きます。今回の本は「高波動」という言葉がたくさん出てくる本になっていて、その本のまえがきを書くちょうどその時にこのような事実が判明したということは、書いたほうがいいのだろうと思いました。

世の中には不思議なことが起こることもある、と以前はそのような感じでとらえていましたが、最近、私は違う考えになっています。読者の皆様からいただくメッセージやお手紙にも、不思議な出来事が多く綴られています。皆さん、口にしないだけで全国のあちこちで不思議なことは起こっているのです。

ということは、「この世の中は不思議なことが普通に起こる世界である」と考えたほうが正しいような気がします。科学的根拠がない、科学では説明できない、と言われるかもしれませんが、説明できようとできまいと起こるものは起こるのですね。

科学で解明できないからといって神仏の恩恵をないものとしたり、軽く考えるのはもったいないと思います。神社仏閣は「心」も「体」も癒してくれる貴重な場所です。

神様仏様の大きな深い愛情とありがたいご加護……そこに気づいて生きていくのと気づかずに人生を送るのとでは雲泥の差がある、と私はそう思っています。

桜井識子

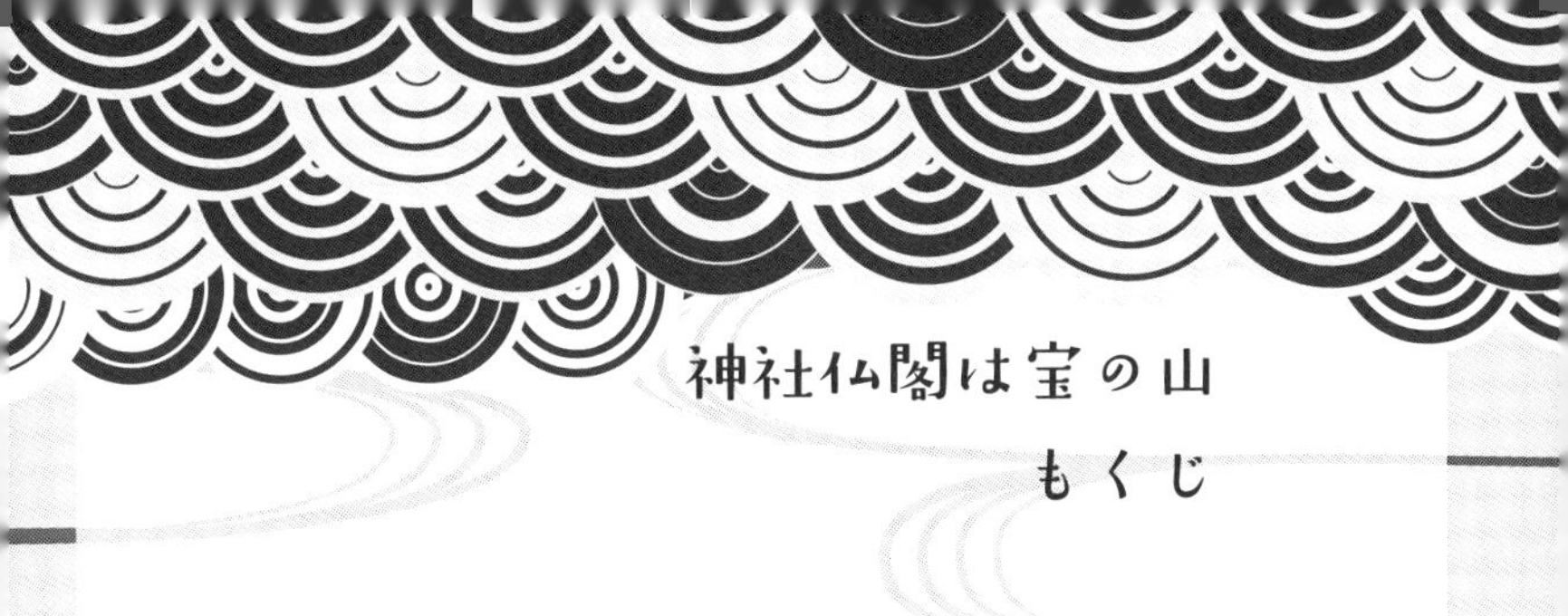

神社仏閣は宝の山

もくじ

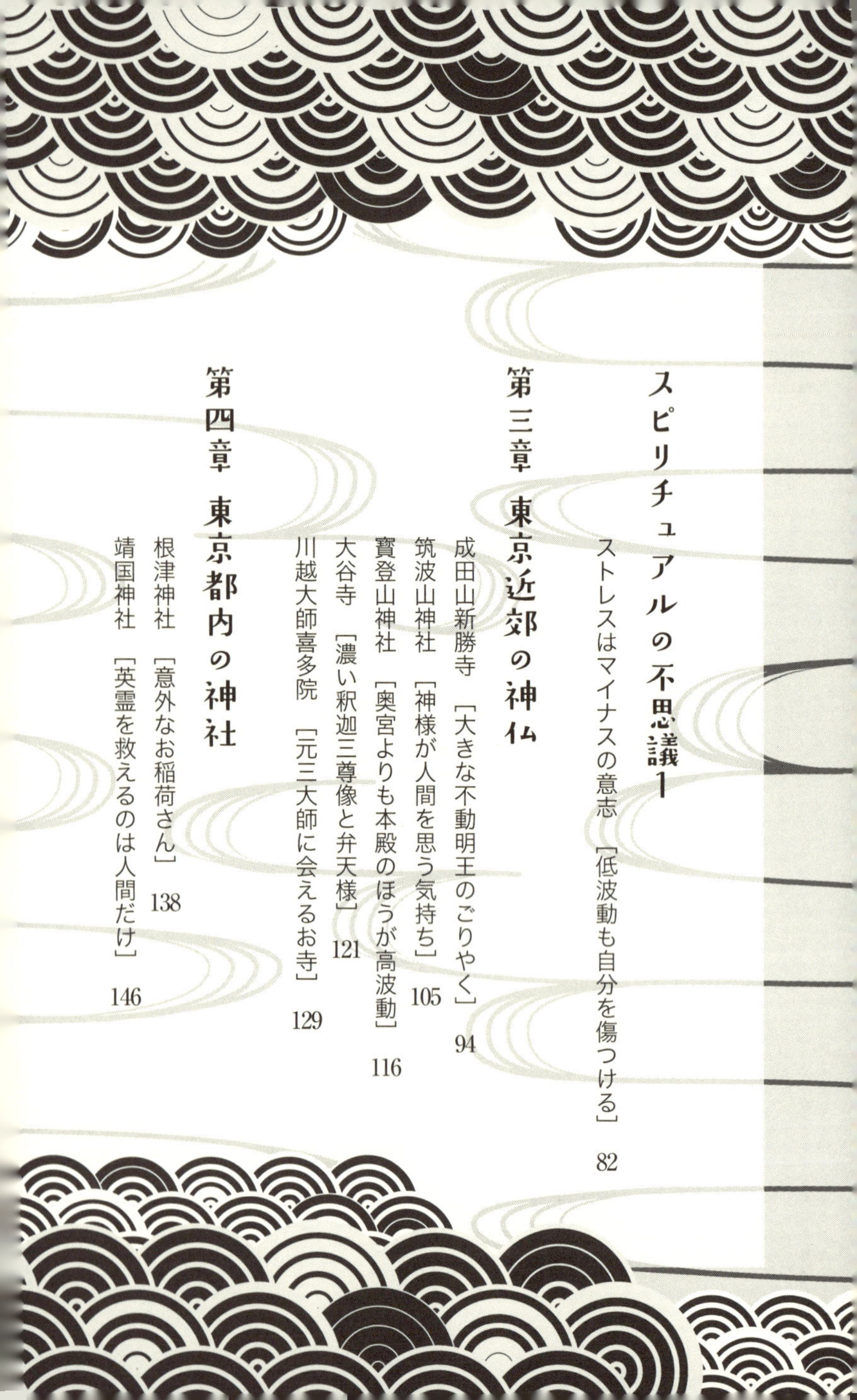

スピリチュアルの不思議1

第三章 東京近郊の神仏

第四章 東京都内の神社

スピリチュアルの不思議2

第五章 鎌倉の神仏

第六章 鹿島と香取の関係

スピリチュアルの不思議3

第七章 出羽三山

スピリチュアルの不思議4

第一章 信州の神仏

●戸隠(とがくし)神社　～戸隠龍との会話

ううう……。と、何でいきなり冒頭から頭を抱えているのかというと……。

10月末は神様によっては会議があるということを知っていながら、うっかり山岳系神様のところへ出かけて行ってしまい……その結果、ほとんどわからずに帰る羽目になった、という自分の抜け抜け具合が悔しいやら情けないやらで、もう、もう、もう……(泣)。

飯縄(いいづな)山や小菅(こすげ)山も会議中でしたが、こちらは天狗が降りて来てくれて運良く話を聞くことができました。この戸隠山はどうだったのかと言うと……。

まず先に、戸隠神社の説明をします。戸隠神社は長野県の戸隠山の麓にあります。飯縄山のすぐ近くです。奥社・中(ちゅう)社・宝光社・九頭龍(くずりゅう)社・火之御子(ひのみこ)社という五社からなる神社で、創建から二千年余りが経っているのだそうです。平安時代末期には修験道の道場としても有名だった神社です。

私は飯縄山のほうから行ったので、宝光社、火之御子社、中社と順番に回りました。

宝光社は古くから信仰されている神社ですが、神様はお留守でした。火之御子社もガラーンとしていました。中社も留守で何もわかりません。

この時点で、くうぅ～、と拳を握り、天を仰いで泣きそうになりました。せっかく来たのにぃぃぃぃぃ〜、と自分の迂闊さを責めますが、それでどうなるわけでもなく……、気分は暗いまま奥社へと向かいました。

奥社と九頭龍社は同じ場所にあります。この2社は山の裾野（と言っても奥深い場所です）にあるので、長い長い参道を歩いての参拝となります。駐車場に車を停め、参道の入口まで行きます。

入口に立って先を見渡すと、目の前は広々とひらけており、その向こうには戸隠山がそびえ立っています。

この戸隠山から吹き下ろすご神気がすごいです！　歩き始めた途端に山から流れてくる神聖な「気」に、ふわぁ〜っとなります。ここを歩くだけでも波動が上がるのでは？　というくらい、素晴らしいご神気です。神社へ続く道を参道と言うのですが、この参道はお山に続く道、という感じです。神聖すぎるほど神聖な道でした。

歩く時間は1時間もかからず、30分ちょっとだっ

奥社

九頭龍社

たように思います。
私の斜め前を若い夫婦と4歳くらいの女の子が歩いていました。お父さんは生後半年くらいの赤ちゃんを抱っこしています。奥社で祈祷を受けるのかな？　と微笑ましく思いました。
山岳系神様の強い「気」とご加護を我が子にいただきたいという親心が伝わってきました。子を思う気持ちがじ〜んと心に響いて、いつまでも家族が仲良く幸せに暮らせますように、赤ちゃんと女の子がすくすくと成長しますように、と心の中で祈らずにはいられませんでした。

奥社に着いて、まずは九頭龍社に手を合わせてみます。やはり神様はいません。

そして奥社の社殿に手を合わせてみましたが……神様はおらず、お留守でした。ショックのあまりくらくらとめまいがしました。

あの！　有名な戸隠神社に来ているのです。関西から一生に何度も来られる場所ではありません。それほどまでに貴重な参拝なのに、おばかな私は日程を深く考えずに決めてしまって……ンモー、ンモー、とここでも自分を責めました。

がっくりきてベンチに力なく座っていると、山からやはり良い「気」が流れてきます。後方にある戸隠山を眺めてみると、山の頂上あたりが高波動でみっちり濃くて、ああ、あのへんで会議をされているのだな、とわかりました。その一角だけが、特別に神々しい空間になっているのです。

山岳系神様関係の会議は出雲大社のように「神社」でするのではなく、「山で」するのだとこの時知りました。眷属の龍もいます。

とにかくすごい波動とパワーなので、しばらくぼ〜っと見とれていました。神様は仙人のような雰囲気です。その神様はどうしても

降りて来られないようでした。あそこにいらっしゃるのになぁ、と長い間お山を眺めて、やっと諦めがついたので来た道を戻りました。

参道を戻りながら、ふと、このまま収穫なしでもいいのか？　と自問しました。いや、それはあかん！と、ダメもとで龍を呼んでみることにしました。前著で書いたように飯縄山も小菅山も会議中でしたが、眷属は付き合ってくれたのです。

龍なら来てくれそうだし、話も少しだけならしてくれるかも？　と思いましたが「龍だからなぁ……」という気持ちもありました。軽く無視されても龍という神獣の性質上仕方がないわけで、そこに悪気はないのです。

先ほど山の上を飛んでいるのを見ましたが、ここの龍もとても大きいです。

龍さんという呼び方は何だかいまひとつだと思ったので、勝手に「戸隠龍さん」と名前をつけ（何だか苗字と名前みたいですが違うんです。一気に読んで下さい）、「戸隠龍さ〜ん！　とがくしりゅーさぁーん！」と呼びまくって来てもらいました。

喜んで来ましたという雰囲気ではなかったので、神様に「行ってやりなさい」と言われ、しぶしぶ来たようでした。

大きな龍と話せるチャンスはそうそうないので、これはラッキーです。しかし、相手は〝龍〟です。龍というのは自然に近い存在ですのでクールです。あまりしゃべりませんし、自由気ままに泳いでいて素っ気ない感じですが、冷たいとかではなく、そういう性質なのです。悪い言い方をすれば、龍に社交性はありません。

そんなドライな龍ですが、もしかしたら龍同士は友だちで和気あいあいとしてるかも？　と思った私はそこを聞いてみました。

この質問は小菅山の大天狗さんに聞き、翌日飯縄山の烏天狗さんにも聞いた質問で、どちらにも「どういう意味で聞いてんの？」的なツッコミをされています。

当然、この戸隠龍さんにも、

「友だちとはどういう意味だ？」と軽くツッコまれたりしましたが、やはり龍同士はお互い知っているということでした。しかし他の眷属、例えば天狗などはどの山にどんな天狗がいるのか知らないそうです。

では、他の山にいる龍に、伝言を頼んだら届けてくれるのか聞いたところ、龍もやっぱりテレパシーでしゃべるのではなく、行って直接伝えるとのことでした。

「じゃあ、戸隠龍さん自身の話がある時もいちいち行くんですね〜」と言うと、

「話？　話などしない」と、それが当たり前みたいな、話すことなんてないし〜、みたいなニュアンスで爽やかに言っていました。

さすが龍です。気高い孤高の存在なのです。

次に体の色について聞いてみました。龍はほとんどが緑色ですが（それも微妙に違っていて濃淡があります）黒や白、黄色、緋色、虹色などいろんな色の龍がいます。

雨を降らせるのが黒い龍で、雨天を晴れにするのは白い龍という話もあるようで、そこも聞いてみました。

すると、色の違いは成り立ちの違い、生まれというか発生の違いなのだそうです。「種類は一緒」と言っていました。色が違っていてもただ単に生まれが違うだけですべて同じ龍ということらしいです。したがって、白い龍も黒い龍もどちらも雨を降らせることができるし、晴れにもできるのだそうです。ちなみに戸隠龍さんは緑色です。

戸隠龍さんによると、戸隠神社は山岳系神様がいる奥社の波動が一番高く、次は「宝光社」だと言っていました。宝光社の神様は、昔は修験者を守っていたそうで「魔」を祓う力が強いのだそうです。

ここで山に入る時の大事なことを教えてもらいました。

山岳系神様がいる霊山は、山の波動が高いため頂上近くまで行けばその途中で悪いものは消滅します。途中までの登山でも神様が「魔」を祓ってくれるので何の問題もありません。

しかし、山によっては神様がいないところもあります。というか、こちらのほうが圧倒的に多いです。そういう山に入る時は、もしも自分にかすかでも「魔」がついていたら、落としてから登山をするべきだそうです。なぜなら、ついているその小さな「魔」と深い山の「魔」が呼応するから、ということでした。魑魅魍魎が寄ってくる可能性があるというわけです。

宝光社はその小さな「魔」を祓うための神社であり、同時に修験者を守る神社でもあったということで、力が強いのだそうです。

龍は自分からベラベラしゃべったりしませんので、これだけのことを聞くのも質問を重ねて重ねて少しずつ教えてもらいました。

戸隠神社でのパワースポットは奥社とそこへ行くまでの参道です。神気に満ちた波動の高い場所です。お留守だったので私にはわかりませんでしたが、戸隠龍さんによると、宝光社の神様も波動が高いそうで、こちらでもゆっくり時間を過ごすと良いと思います。

●穂高神社奥宮　～龍と契約を交わすとは

翌日、上高地に行きました。この日の天気予報は雨でした。「せっかく上高地に行くのですから、雨を降らせ

ないでもらえたらありがたいです」と戸隠龍さんにお願いをしましたが、雨は予報通り前日の夜半からザーザーとすごい勢いで降り始めました。

早朝にホテルを出た時もまだ激しく降っていました。ワイパーをサクサク動かしながら走らなければいけないほどで、さわんどバスターミナルに到着した時は若干小降りになってはいましたが、空には雨雲が垂れ込めていました。まだまだ降りそうでした。

戸隠龍さんとあれだけ親しく（？）お話をした後でお願いしているのですし、わかった、と約束もしてくれたのですから、たとえ今降っていても上高地に着く頃にはあがるだろう……とは思うものの、万が一降ったら困ります。

というのは、私が撮影した写真を本に載せる予定だからです。もしも雨がザーッと降ってきて、雨具がなければ丸出しのカメラが濡れてしまうため、写真は撮れません。

神格が高い戸隠龍さんだから多分大丈夫だろうけど、もしもの場合が困るよなぁ、と思いました（相変わらず、神仏への信心が足りません……反省中です）。

上高地ではムービーもリュックに入れて歩くので、重量的にこれ以上背負うのは無理、という状態です。というか、ムービーすら本当は背負いたくないのです、重たくて。私は非力なうえに肩凝りがひどいので、ちょっとでも重たい物を持つとすぐに肩がガチガチになります。

しかし行く場所は上高地です。もう二度と行かないかもしれません。ここだけは重たくてもムービーを持って行くべきだと仕方なく背負うことにしたのです。

そういう背荷物事情ですから、ここは是非、雨具は置いて行きたい！　と思いました。

がしかし、写真が撮れないとなるとそれも困るので、９８０円の高級ポンチョ（華厳の滝で初使用しました）をリュックに入れました。〝高級〟ですから、ビニール製なのにずっしりと重たくて、ンモー、と思いました。

自宅で関東行きの旅支度をした時はポンチョの不便さをまだ知らなかったので、これさえあれば濡れないから大丈夫、とノーテンキに考えていました。ですから、かさばる雨傘は関西から持って行かなかったのです。

今、冷静に考えてみると、ポンチョだったら写真が撮れないのでは？　ということに気づきました。傘だから濡れずに撮影できるわけで、顔ですらズブ濡れになるポンチョを来て、どうやってカメラに雨が当たらないようにするねん……と思います。

う～ん、つまり雨が降っていたらポンチョしか持っていなかった私はどこにいても撮影はできていなかったのです。山の中はコンビニなどありませんから、手軽に傘も買えません。雨が降らなかったことは神仏に助けてもらっていたのだということに今さらながら気づきました。

上高地は【上高地の自然を次代へ継承（自然保護）するため、マイカー規制にご協力いただだいております】ということで、マイカーで入ることができません。上高地の手前に広大な駐車場があって、そこからシャトルバスで行くようになっています。

早起きをして、さわんどバスターミナルを6時40分に発車するバスに乗りました。乗客は私の他は、夫婦1組と若いお兄ちゃん1名だけでした。上高地までの所要時間は30分ほどです。

このバスからの景色がとっても美しくて、ほけ～っと見とれていると30分があっという間でした（行きは左側の座席に座ると景色がよく見えます）。

上高地に到着してバスから降りると約束通り雨はすっかりあがっていて、「戸隠龍さん、すごい！」と思いました。信じられない天気の変化です。龍という神獣は本当に天気を自在に変えられるのです。

その後、神域というか土地の管轄が違うので、戸隠龍さんは穂高の龍さんに話をしてくれたようです。そこからどんどん晴れてみるみるうちに青空になりました。

神仏は一度約束してくれたことは絶対に違えません。ちゃんと約束を守ってくれます。

結局、信心が足りない私のリュックにあるポンチョは重たいだけで不要でした。おかげさまで肩もしっかり凝りました。

ちなみに、私が上高地を去るほんの数分前からまた雨雲がもくもくと出てきて、小雨が降り始めました。神仏のご加護は本当にありがたいと思います。

話を戻して……上高地のバスターミナルに着いて、とりあえずトイレを利用しました。100円かかります。たまたま小銭を持っていたのでよかったのですが、なかったら困っていたと思います。行かれる方は小銭を準備されて行ったほうがいいです。

インフォメーションセンターもバスターミナルにあって、私が到着した時はまだ閉まっていましたが、ここで折り畳み式の上高地マップを買うと便利です。とってもわかりやすいし、見やすかったです。窓口が閉まっていても100円を入れる箱がありますので、買うことができます。

トイレも行ったし、マップも買ったし、いよいよ上高地散策です。

バスターミナルから何の予備知識もなく川のほ

うに出ると、そこは次元がひとつ上ともいえる神様の世界がありました。今までに経験したことがない山岳系神様の神威を感じられる世界なのです。感極まった私はしばらくの間その場から動けませんでした。

ゆるやかな浅い川が流れていて、河原がびっくりするほど美しく、その背後には山がそびえ立っています。半端なく高い山です。それは平地で見る高い山とはまるで違っていて、峻険で、堂々と空に向かって立っています。そこにある、という存在感がすごいです。

仏様の魂が入っている仏像を見ると、見た瞬間に仏様のオーラを〝心が〟感じて、「ありがたい〜」という気持ちになります。無意識に合掌したりもします。感謝の念が湧きます。そして、仏様からは優しい慈悲の波動をもらえます。

ここ上高地ではその神様版を体験できます。

峻険な山を見上げた瞬間に神様のオーラを魂が感じて、「神様だ！　ああ、ありがたい」と思います。その雄大な神々しさに感動します。波動の強さがビンビンに伝わってきます。涙も出てきます。

そのような気持ちで山を一生懸命に見上げている人間を神様もちゃんとわかっていますから、微笑んでこちらを見ています。それはつまり愛情が含まれた高い波動をたくさん送ってくれているということです。これは上高地独特で、平地にはない距離感と言うか、一体感と言うか、特別な世界だと思いました。

しばらく感動を味わって、そこから奥宮を目指して歩きました。

森の中を歩いたりもしますが、川べりでは、自然って芸術なんだなと実感できます。とにかく美しいです。

マイカー規制までしているので、大自然ぶりが完璧で（すみません、変な日本語で。ニュアンスでわかっていただけるとありがたいです）、このピュアな大自然のど真ん中にいると、体が反応してトイレが近くなります。

体が山や川、森、澄んだ空気など、そういう「地球そのまま」のものに反応して、体をそちら側に合わせようとします。

体を元々の自然な細胞に戻そうとするため、体内にある自然ではないもの……「化学物質」や「毒素」を排出するのです。それらのものは自然ではありません。水分を全然取っていないのに、短時間でこまめに行きたくなって困りました（穂高神社奥宮近くにもトイレがあります）。人間も地球の一部、自然の一部なのだなと感じました。

ここから穂高神社奥宮の龍（正確には槍・穂高連峰にいる龍です）と、親密になれたお話を書きます。その前に龍の〝玉〟についてちょっと書いてみたいと思います。

広島県廿日市市にある大頭神社で滝行をした時のお話です。

私の2冊目の著書『神社仏閣 パワースポットで神さまとコンタクトしてきました』にも書いていますが、ここは山岳系神様がいらっしゃる神社で境内に滝があります。普段は一の眷属の龍が社殿を任されていて、何かあると神様に取り次ぐ仕組みになっている神社です。

滝行をさせてもらった後で拝殿に参拝しました。手を合わせてあれこれお話をして、顔を上げた時でした。いきなり龍が、ぐわーっ！　とでっかい顔で真正面に出てきました。

うわぁ、龍だ！　で、でかい……と思っていたら、次の瞬間、しゅるるる～と少し上に移動して、手の部分を私に見せてくれます。その手は玉をぎゅっと握っていました。

「へぇぇぇぇ～！　龍って本当に玉を持ってるんだ！」と、初めて龍の玉を見た私は大興奮しました。それまで、龍の玉というのは架空の話だと思っていたのです。龍は玉を下から支えるようにして握っていました。

ひゃー、なんだかすごい〜、と感動です。しかし……その玉はどう見ても「ただの玉」です。ピカーッと光っているとか、チカチカ輝くとか、エネルギーを放っているとかではありません。水晶？　みたいな普通の玉で、特別なものには見えないのです。

こんなに立派な龍がただの玉を持っているわけないから、と自分にツッコミを入れ、今からまぶしく輝いたり、エネルギーがしゅぱーっと放出されるはず！　と思いじっと見つめました。

しかし玉に変化はなく、龍はそのまましゅるるる〜っと上に昇って行き、最後は尻尾の先がちょろっと見えて姿を消しました。

今のは一体何だったのか……？　と、よくわからないまま拝殿から出ると、〝うん〟の狛犬が、「玉を見せてもらっとったなぁ〜」と、私に感慨深げに言いました。わざわざ言うところをみると、玉を見せてもらえたことは珍しいのかもしれません。がしかし、その時は意味がわかりませんでした。

今回、上高地に来て、龍が大事している玉を見せてくれた、ということの行為は〝準契約〟という意味だったことが判明しました。これは神仏が「縁をくれる」のとは、ちょっと違います。

契約とは何か？　を説明しますと……。

神獣には、龍やキツネ、白ヘビ、狼などのほか、様々な種類がいます。神様はこれらの神獣を眷属として使い、おそばにおいています。神獣とはつまり「神様のお手伝いをするため」の存在です。

ですが、環境と使うための条件をクリアして、自分の霊格を高くし、さらにその神獣が属する神様の〝許可〟がもらえれば、人間でもこの神獣を使うことができます。

ただし龍だけは誰でも使えるというわけではなく、龍と個別に〝契約〟を交わす必要があります。これは鳥取県の大山（だいせん）の神様が教えてくれました。どうやって契約するのか、その方法までは教わっていませんでしたが、へぇ～、契約が必要なのね、とその時に思いました。

いくつかの条件が整って、龍がこの相手のためなら動いてやってもよい、と判断した時に玉を見せるようです。これは正しく言えば見せているのではなく、玉に相手を〝映している〟みたいです。言ってみれば、携帯に電話番号やメールアドレスを登録しておくようなもので、その人物の波動を玉に写し取り記憶させておくのです。

大頭神社の龍とはここまででした。〝準契約〟です。ですから、私はいつでも好きな時に大頭神社の龍が使えるのではなく、「私が神社に出向いて行って」お願いすれば動いてくれる、というものでした。こちらから出かけて行くという条件付きなのです。使えるとは言えない関係で、契約も交わしたとは言えません。

……と、このような出来事があったのでした。

穂高神社奥宮は、社殿はあってないようなものでした。う〜ん、この言い方はちょっと違うかな、お社はあるのですが、神様はその背後の山の上に……すぐそこにおられます。ですので、小さなお社に向かっていろいろとお話をしなくても、直接山の上に向かって話しかけるといいです。奥宮よりも明神池のほうが波動がはるかに高く、神様にも断然近いのでこちらに入ってゆっくり過ごすことをお勧めします。

明神池は、パワースポットという手垢がついた言葉が申し訳なくて使えません、というくらい高波動の場所でした。神様の波動の内部、神様がハグしてくれている腕の中という感じです。

拝観料を払って中に入ると、最初に目に入るのが船着場のような場所です。ここは一之池を見る場所になっています。

この池は真ん中部分が狭くなっていて、一之池と二之池に分かれています。入ってすぐのところ

が一之池で、そのまま奥に歩いて行くと、二つの池の中間点となるところに出ます。そこで見ると、右側上流のほうが一之池で、左側下流のほうが二之池です。

一之池は湖面が静かで穏やか、透明度が高く、神鏡のような神聖さがあります。龍が降りる時はこちら側に降りて来ます。二之池は澄んだ水の中に小さな島や岩があって、自然が生み出したとは思えない、趣向を凝らした庭園のような美があります。風流です。

この二つの池の中間点から池の中央へ、山のほうへ向かって板が渡してあります。そこを山のほうに向かって歩いて行くと、板の道の先端に出ます。そこがすごいです！

先端は池の浅瀬に張り出していて顔を上げると、山が目の前に迫っていますから、手を伸ば

せば届きそうでした。山から高波動の「気」が一直線にドバーッと流れてきて、包み込まれる感触があります。穂高の神様は若い感じの神様で力強く、パワーがみなぎっていました。

私は例によって先に写真を撮りまくり、おっと、お話を聞かなきゃ、と思って、

「神様〜！　穂高の神様〜！」と慌てて呼びました。すると、くすくすと笑う気配がして、

「待っておる」とすでに待機してくれていました。穂高のあたりはこの日、会議ではないということでラッキーでした。

まず、戸隠龍さんの流れで、龍のことから聞いてみました。神様、ここにはきっと大きな龍がいますよね？　と。

「見えぬか？」と言われた瞬間に、龍が山のてっぺんのところから、にょっきりと顔を出しました。「うわー！　でっかーい！」

龍は正面から私を見ています。大きい、という言葉では到底足りません。巨大な龍です。濃い緑色をしています。そのままの状態で神様と話を続けました。

私が自分の頑張りたいことを説明すると、神様は賛同してくれて、力を貸せる時は貸そう、とニコニコして言ってくれました。そして驚くことに、

「龍が必要な時は使っても良いぞ」とおっしゃるのです！

「えっ！　えええーっ！　ほ、本当ですかっ！」

思いもよらない話に興奮丸出しで聞き返すと、神様は楽しそうに笑って、

「どこからでも呼びなさい」とまで言ってくれたのです。

「ほ、本当にいいのでしょうか⁉　それって、世界中のどこから呼んでも来てくれますか？」

神様は穏やかに頷いていますが、龍本人は複雑な顔をしています。うへぇ、マジかよ？　と顔に書かれています。眉毛が八の字になったような、ちょっと困った顔をしているのです。

そりゃそうだろうな〜、と気持ちは非常によくわかります。

ここで「ウン」と言えば、人間であるこの変なオバハンに

呼ばれたら行かなくてはいけないのです、神龍なのに。それは嫌だろう、と冷静に思いました(笑)。

神様はさらに愉快そうに笑って、

「世界中どこへでも行くだろう?」と、龍の肩をポンポンと叩くような、そんなノリで明るく言います。親分の神様にそこまで言われたら断れません。龍は不承不承、

「ウン」と首を縦に振りました。

「うわぁ〜! やったぁー! ありがとうございますっ! 嬉しーーー! バンザーイ!」と、両手を挙げて万歳をしていると、山のてっぺんから顔だけ出していた龍が全身を現しました。

そして、手に持っている玉をぐっと差し出して私に見せます。

玉だ〜、と思って見ていたら、その玉がいきなりピッカー! と強烈に強い光を内部から発したのです。一瞬、何が起こったのかわからないくらいの閃光でした。

すると、コロンと小さな小さな玉が龍の玉から1個出てきました。クリスタルのように透明で七色の玉です。これは説明するのが難しいのですが、水晶玉にうっすらと虹の色が内部についているような感じです。七色は順番に続いているのではなく、一色一色の帯というか太めの筋が内部で交差しています。大きさはゴルフボールくらいです。それを私にくれました。

これが「龍と契約した」ということらしいです。

もらった小玉は手のひらに乗せてキラキラさせてから(玉が自分で勝手にキラキラします)、

それをしっかり握り頭に龍を思い描いて呼ぶと、すぐに飛んで行く、と神様が教えてくれました。明神池からの帰り道、森の中を歩いている時に「そうだ、龍にちゃんと挨拶をしておこう」と思い、

「龍さん、よろしくお願い致します」と言うと、神様が、

「契約したからには、下手に出てはいかん」と注意をしてくれました。

契約を交わした時点で龍とは対等な立場になるのだそうです。ですから、お願いする、ということはしてはいけないそうです。


先にこの龍のお話を書きますと、とりあえず勝手に名前を付けました。「穂高さん」と。神様に使ってもいいと言われましたが、どう使うのか、何に使えるのかはまだわかっていません。多分、私の霊格をもっと上げないといけないのだと思います。なので、今のところは、お天気を変えてもらうくらいしかしてもらってないです。

それも、しょっちゅう呼ぶのは申し訳ないので、本当に困った時だけ、というわけで2回ほど使わせてもらいました。

『神さまと繋がる神社仏閣めぐり』に詳細を書きましたが、東京の高尾山で下山途中にいきなり雨が降ってきました。夕方から雨という予報だったので雨具を持たずに登っていたのです。バラ

バラーっと大粒で強く降り、10分もすれば全身ずぶ濡れになりそうな勢いでした。傘を手にしている人は慌ててさしていました。

困った私は穂高さんを呼んで、雨を止めるよう言ってみたら……、本当にその瞬間にピタリと止まりました。空は黒い雲で覆われ、雨はギリギリで止まっているようでした。

穂高さん、すごい……と思って上空を見ると、穂高さんが悠々と泳いでいました。

私はその時、高尾山の烏天狗さんとお話をしていたのですが、天狗さんと穂高さんは神格が全然違っていました。穂高さんの神格はとても高くて神聖で、山岳系神様並みなのです。

高尾山の烏天狗さんが泳いでいる穂高さんを見て、

「お前はあの龍を使えるのか？」と私に聞きました。

「契約したんです」と答えると、

「ほー！」と、とても驚いていました。雨はピタリと止まって以降、私が下山して車に乗り込むまで一滴も降りませんでした。

筑波山でも1回使いました。下山をする時になって、急に気温が下がり、空が黒い雲に覆われていき、今にも降りそうになってきたのです。

嵐？　というくらい風がびゅーびゅー吹き始めました。降られると下山するのが危険なので、降らせないよう頼みました。もちろん一滴も降らないまま無事に下山できました。

その時に筑波山の神様が穂高さんを見てくれました。

穂高さんはだいぶん感情がついているとのことで、かなり進化した龍らしいです。修行を積んでいる龍である、と言っていました。龍は修行を積むとクールである性質が少し優しくなって、思いやりのあるものになっていくのだそうです。

穂高さんはそこに面倒見がいいという性質も加わっているとのことでした。「良い龍である」「力がある」と褒めてくれました。

あの峻険な穂高で修行を積んでいるので、力もつくし進化もするのだろうな、と思いました。

龍は契約をしたからといって四六時中そばにいてくれるわけではありません。立場はあくまでも神様の眷属です。龍自身のお仕事（神様のお手伝いですね）や、龍本人の修行など今まで通りしています。

しかし契約をして「その人のために動く」という約束が成立しているので、いつ呼んでもどこから呼んでも必ず来てくれます。そこは忠実です。

しかしやっぱり畏れ多いので私の場合、堂々と使えるようになるまで、それ相応の霊格になるまでは、本当に困った時に天気を変えてもらうくらいしか、してもらうことはないように思います。宝の持ち腐れで一生を終えないように、霊格向上を頑張りたいと思います。

話がそれてしまったので戻します。明神池の聖域での穂高の神様との会話です。

穂高神社には里宮がありますが（長野県安曇野市穂高）、ここには信頼できる弟子というか同系列の神様と一の眷属がいるそうです。上高地のこの神様に会いたい人は、里宮に鎮座する神様か眷属に「呼んで下さい」とお願いするといいそうです。すぐに飛んで行くと言っていました。

神様にいろんな話を聞いていて、ふと、

「私は麒麟を見たことがないです」と言うと、

「ワシも見たことはない」と言っていました。へぇ〜、そうなんだ〜、と新鮮な驚きでした。

麒麟というのは伝説上の生き物で、龍や鳳凰などと同じ神獣とされています。龍がいるのだから麒麟もいるのかと思ったら、どうやらいないようです。中国にしかいないのかもしれません。

「鳳凰はどうですか？」とお聞きしたところ、

「たまーに飛んで来る」とおっしゃっていました。

私が見たところ、お稲荷さんはいないように見えたので、

「ここにお稲荷さんもいますか？」と質問をすると、

「稲荷は里にしかいない」と教えてくれました。

あ！　そうか、お稲荷さんは人々が信仰する念をパワーにしているから、こんな山奥で冬は人がまったく訪れないような場所にはいないのだな、と気づきました。天狗は修行したいと思う者

が志願して来るのだそうです。

穂高の神様は目の前にある山にいるのではなく、奥にずーっと連なっている山々の上にいます。山々はかなり連なっているようで、そこに神様は数人（数柱）いるようでした。

再びバス乗り場まで歩いて戻りながら、上高地で奥宮を建てるのはあの場所しかない、と思いました。もしも明神池がなかったとしても、場所はあそこだと思います。神様と一番繋がれるところだからです。

河童橋まで戻って来ると観光客が大勢いました。その周囲を見回すとホテルがいくつかあって、なんだ～、上高地に泊まれたのか～、とそこで初めて知りました。しかし、よーく観察すると何だか高級そうなホテルばかりで、きっと予算オーバーだったに違いありません。

この世にいる間に、もう1回神様と穂高さんに会いたいので、次は頑張って上高地に宿泊したいと思いました。

●諏訪大社下社春宮　～願いを叶えてくれる末社の神様

諏訪大社という名前は知っていても、4社で諏訪大社、ということは知らない人のほうが多いのではないかと思います。私も行く計画を立てるまでは知りませんでした。上社本宮（かみしゃほんみや）、上社前宮、下社（しもしゃ）秋宮、下社春宮、この4社で諏訪大社です。

長野に行く少し前に読者の方からメッセージをもらっていて、神話の世界で出雲から流れてきた人物がご祭神ということだけは知っていました。

上高地から行ったので、上高地に近いところ、春宮からの参拝となりました。

社殿で手を合わせてみると……神様はお留守でした。

この時、何だかものすごーく不安になりました。戸隠も留守ばかりだったので、こんなにあちこち留守だらけとかアリなのだろうか？　と……。

戸隠は会議中だったから仕方がなかったのですが、ここはどうして留守なのか……、まさか会議中？　山岳系じゃないのに？　諏訪だけの小さな会議？　と不安なまま、境内をあちこち撮影していると案内板が目に入りました。

それによると、ここの神様は年に半分ずつ、春宮と秋宮に滞在するのだそうです。案内板には、2月〜7月は春宮に、8月〜1月は秋宮に鎮座すると書かれていました。

ほ〜！　と、そんなシステムがあることにまず驚きました。初耳です。全国にはいろんな神様がいらっしゃるのだな、と思いました。

私が参拝した時期は、神様は秋宮のほうに滞在していることになっており、いなくて当たり前だったのですが、それにしても珍しい……と思いました。そのようなシステム自体が珍しいということもありますが、実際に神様がそのルールに従っているということも、大変珍しいです。

神様は一度鎮座されたら、その神社から動かないのが普通です。鎮座するということは、ご神体に宿るということです（神社によって、または神様によって、何がご神体かということは違います)。

このシステムだと半年ごとにご神体を変えて宿るわけで……非常に珍しいです。もしかしたら、ご神体自体を神社から神社へ移動しているのかもしれません。

神様はフットワークが軽いので、例えばどこかに何かを確認しに行ったり、縁を結んでいる人の危機を察知して助けに行ったりと、ちょっとした外出はよくします(一瞬で行って一瞬で帰ってきます)。

また、山岳系神様が山から神社に降りて来て一時的に本殿に滞在したり、奥宮に鎮座する神様が一時的に拝殿に滞在することもよくあります。

しかし、一旦入ると決めたご神体そのものをコロコロ変えるということは、今言ったこととは根本的に違っていて、めったにありません。

不思議なシステムに驚きましたが、とりあえずここ春宮に神様がいなかった理由はそれでわかりました。

この神社はご神木がのびのびしています。ご神木と言っても神社から正式に「これがご神木ですよ~」と囲いをされているものだけを言っているのではなく、鳥居をくぐって狛犬の左にある木も、万治の石仏のほうへ行く道の出口付近にある木もそうです。立派なご神木です。

「立派ですね～、すごい～」と見上げていると、「すごいだろー」と、とっても明るく陽気に答えてくれます。こんなに陽気なご神木はあまり見かけないように思います。そのせいか、そばに立っているとほんわかと元気になります。

神社から正式にご神木とされている木は、囲いがしてあってしめ縄が巻かれています。木の途中から二股に分かれていて、それがまっすぐ空に向かって伸びています。

こちらの木のエッセンスは天に向かって伸びる可能性がいくつもある、ということで、それはつまり未来に向かって成功する道がいくつもある、という意味です。マルチな才能が花開くということか、多岐にわたって活躍する、多分野で成功する、といったエッセンスがもらえます。とても縁起の良い木です。

将来いろんな方面で羽ばたきたい、活躍したい、という人が浴びるといいです。子どもさんを連れて行って、エッセンスを振りかけてもらえるよう声をかけてから、一緒に木の下にしばらくいるといいかもしれません。

この神社の社殿に向かって左手に、「万治（まんじ）の

石仏」へ行く道があります。春宮から徒歩5分です。なかなかユニークな石仏で一見の価値ありです。

その万治の石仏へ行くには川の中州を通るのですが、この中州に「浮島社」という末社があります。中州と言っても小さいのですぐにわかります。

摂社末社は神様が入っていなかったり、ただの出張所だったり、日中はいなかったりするところが多いのですが、ここのお社は神様がしっかりおられます。しかも力が強い神様です。

昔は川の氾濫を抑えていて信仰もされていたようですが、今は手入れがされていなくて寂しい感じになっています。

調べてみたところ、年に一度6月30日に「浮島社祭」という神事が行われるだけで、あとは

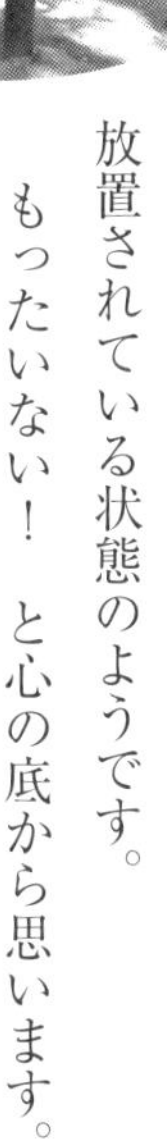

放置されている状態のようです。

もったいない！　と心の底から思います。

ここの神様は、人々の願いを叶えてあげよう、という優しい気持ちで待っておられるのですが、人間のほうが信仰心を持って手を合わせていません。

私は浮島社の周囲を長い時間ブラブラしていましたが、みんなこのお社を通り過ぎて万治の石仏見学に行きます。石仏を見た後、春宮に戻る時も浮島社はスルーです。

地元の人らしき女の人が手を合わせていましたが、サッと2礼2拍手1礼だけして、お願いをするでもなく、語りかけるでもなく去って行きました。

神様は面倒を見てあげよう、と準備をして待っているのに、人間のほうがこの神様のありがたみに気づかないという……なんとも言えない悲しい気持ちになりました。

あの場所に遷座させられて、文句も言わず人々を守ってこられた神様です。おっとりした優しさがあります。

こういう神様にせっせと通ってお話をすれば、目をかけて下さって人生が好転していくのです。実にもったいないと思いました。

春宮に参拝するのであれば、お勧めはこの浮島社です。お酒などを持って行って差し上げると喜ばれるのではないかと思います。

●諏訪大社下社秋宮　～サバサバした女の神様

境内に入るとここのご神木もすくすくと伸びていました。こちらのご神木はおとなしくて静かな感じです。まず社殿の前に行って手を合わせました。

私はどこそこから来た○○と申します、桜井識子という名前で本を出しておりまして……と、自己紹介をしていると、いきなり声が聞こえました。

「ジジイはうるさいのー」

は？

一瞬、何を言われたのかわからず、自己紹介の話が止まってしまいましたが、ああ、たしかに、と思いました。

手を合わせている私の背後に3人のおじさんがいて、3人が声高に歴史について議論していたのです。意見の合わないところがあるようで、3人ともちょっぴりムキになっており、そう言われてみればうるさいです。そのような喧嘩腰で議論する声は、なぜか耳にビンビン響きます。人間の私の耳も痛かったのですが、神様もうるさかったようです（神様は揉めごとが嫌いなのです）。

この神社の神様は本当に女性の神様でした。

見たことのないヘアスタイルをされていて、まず前髪ですがパッと見、サザエさんのように３つの山になっています。よーく見ると、山のひとつひとつは長い前髪を輪っかにしてキュッと結んでいます。横と後ろの毛は長く伸ばしていて、３つの束に分けているのですが、裾で１本にくくっています。妙な髪型ですが、なぜか高貴な雰囲気が漂っていました。

この神様は太古の昔、人間から神様になられたようです。

ここで読者の方にもらった情報を聞かねば！　と思いました（ちゃんと覚えていたんですね～、私にしては珍しいです）。

こちらが読者の方からのメールです。

【何時でもブログの中でもいいですので以下の事をお知らせ戴けますと幸いでございます。お忙しい中、ご迷惑をおかけします。出雲大社さまの神在祭の事なのですが、長野県の一宮である諏訪大社さまとの関係についてです。ご存じのように祀神のタケミナカタ命さまですが、古事記ではタケミカヅチ命さまに追われてここ諏訪の地で暮らす事を約束して助かった、ゆえに全国の神様が集まる出雲にはここ諏訪を出る事になるために集まれない、と言う話を聞いた事があります。

オオクニヌシさまの子供であるタケミナカタ命さまが出雲に行っていないと言う事なのです。（中略）タケミナカタ命さまがそのような状態であるならばとても哀しいです】

〝ご存じのように〟と思いやりを示して下さっていますが、すみません、まったく知りませんでした。というか、タケミナカタって誰？　状態です。ごめんなさい、本当に苦手なんです〜、神話の世界が〜。

そうか、追われて諏訪まで逃げた神様がいるのか、とこの質問はなぜか頭に残りました。もちろん人名は記憶の彼方に吹っ飛んでいたので、春宮の案内板でカンニングをしました（笑）。

案内板には、諏訪上社は建御名方神（たけみなかたのかみ）、諏訪下社は八坂刀売神（やさかとめのかみ）が祀られていると書かれていました。

目の前に見える神様が女性だということは、八坂刀売神かもしれません。

まず、そこを聞こうとしました。が、しかし……。読者の方はよく知っておられると思いますが、私の特技はうろ覚えなんです。文字を見て、雰囲気を掴んだだけで覚えた気になるという……。

春宮で見た名前を秋宮に着くまで頭の中に保持しておけず、

「やさかナンチャラの神様ですか？」と思いっきり聞いて、

「しっかり覚えて来い」と注意されました。うう……。

しかし「違う」と言われなかったので、その可能性は高いと思います。違う時は適当に間違えて聞いても「違う」とはっきり言われるからです。

「たけナンチャラさんは、本当に出雲から来られたのでしょうか？」

「それは自分で聞け」

「たけナンチャラさんの妻だったのですか？」

「違う。妻ではない」

妻ではないと断言されたので、そこは違うようですが、建御名方神とされる人がこの地に来た時に、土地のことやいろいろなことを教えた、と言っていました。

つまり、建御名方神とされている人はやはりどこかからやって来た人であり、この八坂刀売神らしき神様はその当時の彼を知っている、と

いうことになります。

その時2人は知り合いだった、ということがここでわかりました。八坂刀売神とされる神様は地元の人間で、新しく来たよそ者の建御名方神とされる人に親切にいろいろと教えてあげたのでしょう。

あー、でも妻じゃないんだよね？　じゃあ友だち？　う〜ん、よくわからないけど、諏訪大社上社に行けばすべてわかるだろう、とそう思いました。

八坂刀売神は（もう勝手に神様はこの名前の人だと決めました。否定されませんでしたし）、半年ずつ春宮と秋宮にいるのではないそうです。ほとんど秋宮にいるとおっしゃっていました。秋宮のほうが好きなのだそうです。

やっぱりなぁ、と思いました。神社の神様が

半年ごとにご神体を変えるのはありえないのでは？　と思っていたからです。春宮はたまにしか行かないけれど、自分がいない間は眷属を遣わしている、のだそうです。

驚くことにここの手水舎はなんと！　温泉！　らしいです……。え？　どうしてそういう書き方なの？　と思われた方、鋭いですね。実はうっかり手を清めるのを忘れたんです。必死で写真を撮っていて……。「龍の口からでる温泉」と後から知って、しまったー、せっかくの温泉をー、と思いました。残念です。というか、龍温泉の恩恵をもらえなかったのは、手を清めなかったバチかもしれません。叱られはしませんでしたが。

この神社は土地にパワーがあります。それで神様も春宮より秋宮のほうが、居心地がいいのかもしれません。

●諏訪大社上社本宮　～諏訪を作った神様とご神威

秋宮の手水が温泉だと知らないままこの神社に行ったので、手水舎が温泉であることにとても感動しました（この神社も温泉の手水舎です）。

ああ、ぬくい～、嬉し～、と体だけでなく心までポカポカしました。神域ですからもちろん波動も高く、効果バッチリのありがたい温泉です。

　鳥居をくぐってまっすぐ行けばすぐに拝殿のエリアに入れるのですが、順路が決まっていて、境内に入って左折するようになっていました。

　そこにはいくつかの古い社殿があり、土俵なんかもあって、それらを見物しながら敷地の端っこまで行きます。そこから入口門を入り長い回廊を歩いて、拝殿まで行くようになっています。途中にある古い社殿は歴史がある建物で興味深く、回り道で案内されて良かったです。

　この神社は拝殿のみで本殿はありませんでした。だからでしょうか、男の神様なのですがはっきりとしたお姿は見えませんでした。

　秋宮を出てから、どうして建御名方神は出雲を追われたのか？と疑問が湧いて、到着する前に少し調べたところ、力比べを申し出て相撲で負けた、となっていました。背景には、出雲で国譲りをするとかしないとかの権力争いがあります。にわか仕込みの知識ですが、この件をまず神様に聞いてみました。
「出雲で、相撲に負けてここに逃げて来られたのですか？」
　すると柔らかな雰囲気の神様は、
「人聞きが悪いことを言うなぁ」と笑っておられました。

それは別人なのだそうです。そのような人がいたかもしれないが自分ではない、その人物と自分をくっつけている、同一視しているとのことでした。

たしかに、負けて逃げ、命乞いをするような神様には思えませんでした。堂々としていて頼りになる器の大きな神様です。

この神様はよそのクニ（集落）から諏訪にやって来て、そしてここでクニ作りに尽力しています。いわば諏訪を作った人です（規模がどのくらいなのか、そこまではわかりませんでした）。諏訪の初代国王みたいな感じです。その功績で尊敬を受けて祀られています。ちなみにどこから来たのかそこは教えてもらえませんでした。

秋宮にいた八坂刀売神のことも聞きました。
「いろいろと教わったということですが、本当でしょうか？」
諏訪の神様によると八坂刀売神に、土地のこと（作物に関することや狩猟のこと、諏訪湖の漁業、地形的なことなど）や、この地の人々の性格とか、この地域のしきたり、クニ作りをするにあたっての方位、今で言う風水的なことなど、ありとあらゆることを教えてもらったのだそうです。
「あの～、ということは、八坂刀売神は妻だったのですか？」

秋宮で八坂刀売神本人にキッパリ否定されていますが、もう一回聞いてみました。そんなに丁寧にいろいろ教わる仲だったということは、相当親密だったということになります。妻じゃないほうが不自然です。

すると諏訪の神様は、「は?」と、心底驚いた様子で、

「当時、すでに神だったが?」と言うのです。

「ええーっ!」

衝撃の発言です。八坂刀売神はその時、すでに神様になっていた、と言うのです。

ああ、でもわかるかも、と思いました。そんなに多くの専門的なことを学び、教えることができた人間がいたというのが不思議でしたし、ましてや太古の大昔です、女性では考えられません。神様だった、と言われてすっきり納得がいきました。

つまり、八坂刀売神はもう少し時代を遡った超古代の人なのです。諏訪の神様と同じ時を人間として生きていないのでした。それで見たことがない妙なヘアスタイルをしてたのね、とこの部分も腑に落ちました。

話をしていると、この神様は拝殿の向こうにいます。ご神体と言われている山にいるのではありません。その部分を質問してみました。

神様は拝殿の向こうに居て(拝殿の向こうは「神居」という場所になっています)、私のほう

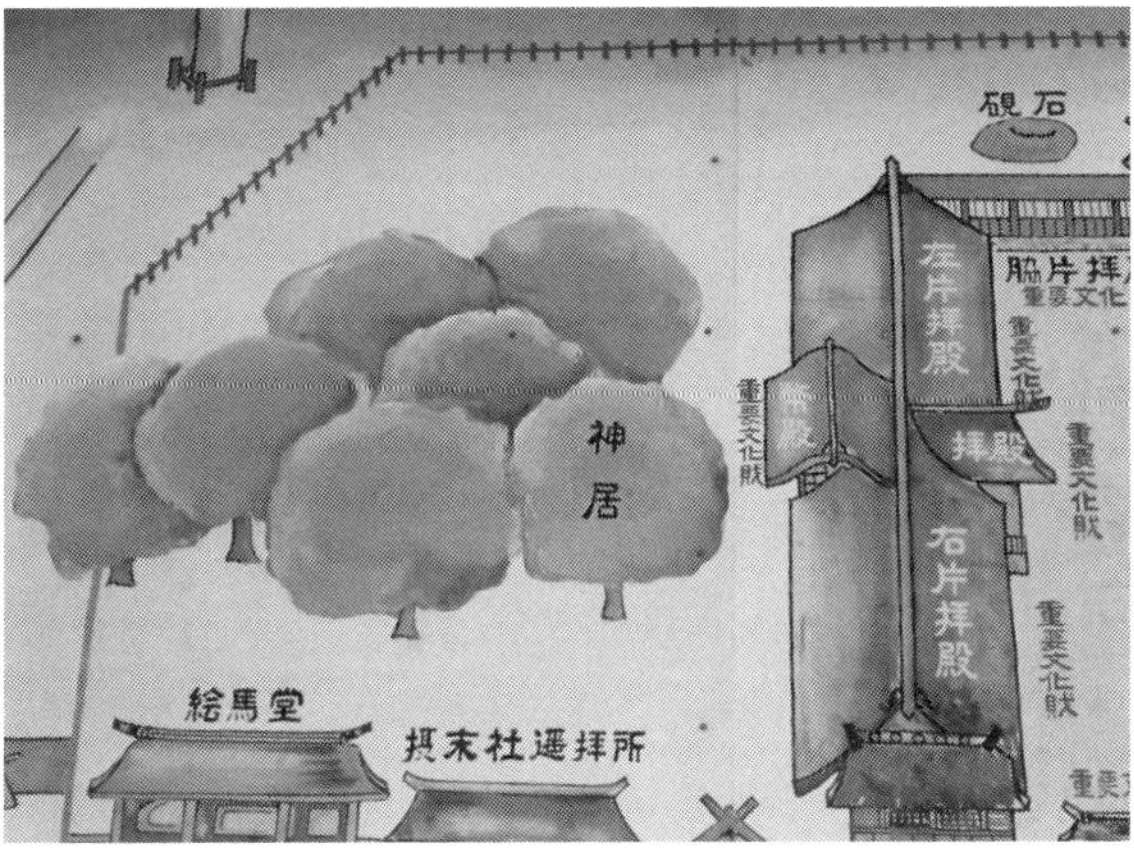

を見ています。神様は、見ているその方向の遥か彼方から、ここにやって来たのだそうです。遠い故郷を見ているとのことで、そのように作られていると言っていました。

諏訪大社の社殿には、四隅に御柱（おんばしら）と呼ばれる木の柱が立っています。他の地方では見たことがないこの４本の柱について聞くと、結界を張る役目をしている、ということでした。

結界とは、「魔」を閉じ込めるために張ったり、逆に「魔」を入れないように張るものですが、空間を切り取る作用や他にも様々な効果を持つ結界があるそうです。

諏訪大社の４本柱の結界は、神域を保持するというか、周囲から浮き上がらせるというか、ここまでが神の波動の及ぶところ！　という濃縮範囲を作るものです。つまり、波動の境界線を曖昧にしていないのです。

さらに空間をコピーできるようにした役目もあります。それはどういうことかと言いますと……。

とりあえず先に神様に聞いた、ご神威がもらえるその方法を書きます。

この4本の柱は順番に1本1本、触って歩くのだそうです。1→2→3→4→1　とこの順番でなければいけないと言っていました。触り方は決まっていないようで、撫でてもいいし、両手を回してぎゅっと抱きしめてもいいそうです。

これは結界の中の強力なパワー・エネルギー・高い波動をもらう方法です。ご神威をいただく、というわけですね。これが古代のやり方なのだそうです。

こうして1から順に回って、最後にもう一度1に戻ることで、結界を一周しています。柱に触っていますから、自分の体で結界をなぞることになり、それで聖域の空間を切り取って、もしくはコピーして、いただけるというわけです。

しかし残念ながら現在、上社本宮は4本を全部触ることができません。唯一この方法を試せるのは上社前宮だ

けになっています。

この神社はかなり古いです。神話の時代なのでしょうが、出雲から逃げて命乞いをしたという建御名方神がいるのではありませんでした。建御名方神とは別人なので、神在祭の出雲大社の会議には参加しているそうです。ご本人が優しく笑いながらそう言っておられました。

この後、諏訪大社上社前宮にも行きましたが、ここは神社というよりも言い伝え通り墳墓の雰囲気でした。地域一帯を守るという「気」が強かったので、元々この土地の氏神さまではないかと思います。

掟破りの日が落ちてから行く、ということになってしまったので、残念ながらこれ以上の詳しいことはわかりませんでした。

4本柱でご神威をコピーして切り取れるのはここだけですが、私個人の感想としては本宮と秋宮のご神威は是非ともいただきたいけれど…ここ前宮は好みが分かれるのではないかと思います。

第二章　群馬の神仏

●榛名神社　～細胞を活性化する高波動の神域

現地に行くまでは切り立った場所にある神社で、厳しい眷属もいて、失礼があったら「コラー！」と叱られたりするのだろうなと勝手に想像していました。山の中腹から上のほうにある神社だと思ったのです。

実際に行ってみると、参道に多少傾斜が急な場所があるものの、普通に参拝できる神社でした。山登りはしません。

ここはもちろん神社……なのですが、感覚的に言うと一般的な神社とは種類が全然違います。

榛名神社は高波動のパワーをもらいまくって、癒されまくり、浄化されまくる、という場所で、魂の集中治療室、いやちょっと違うかな、魂のエネルギー高濃度充電場所、というスポットなのです。とにかくすごいです。

手水舎の横の石段を上がる頃から、その神々しいパワーに圧倒されます。急いで石段を登るともったいない、という心境になるのです。

ひたすら「うわー」と感動しながら登っていくと、そのまんま美術館の絵になる、という景色の双龍門があります。景色にも力があるのです。見とれてしまいます。

そしてその上が本殿のスペースで、そこは徹底的に人をリラックスさせてヒーリングし、クリアにするという場所でした。高波動の充電ができます。それで細胞も活性化します。

ここはそれらを人間に与えるための専用場所、と言ってもいいくらいです。ただしありがたい空間は神社全体ではなく、この本殿がある一角です。

ここは岩に囲まれているため、山岳系神様の波動や自然のエネルギーが外に漏れにくいようになっています。岩にうまく反射して囲まれた空間内に留(とど)まります。ですから、このエリアにいる間は、高波動浴びっぱなし浸かりっぱなしになれます。良いエネルギーのお風呂のような場所なのです。

私はブラブラと30分以上ここにいました。途中で社内研修？　新人研修？　らしき初々しい社会人の人たちが数名来ましたが、５分ほどで下りていきました。その前もその後もずっと１人でした（早朝に参拝しました）。

その日の私は、前日からの腰痛で苦しんでいました。どうして腰が痛くなったのかわからないのですが（多分、スジを違えたのだと思います）、痛くて痛くて、その日の朝は屈むことすらできませんでした。ちょっとした動きで、ピキ！　と激痛が走り体が硬直するくらい痛みます。

しかし腰が痛いからといって、予定していた参拝をやめるというもったいないことはできず、無理をして出かけて行ったのでした。

それが、本殿で高波動のお風呂状態に30分浸かったら、帰りの参道では痛みがまったくなくなっていました。あれれっ？　と、その現象が信じられない私は、わざと曲げたり屈んだりしてみましたが、不思議なことに全然痛くありませんでした。完全に治っていたのです。

「医学的にこんなことがあっていいのだろうか？」と疑い、「神域にいる今だけが調子いいのかも？」と、素直に受け入れることができませんでした。それくらいすっかり良くなっていたのです。

高波動のお風呂状態、すごいです。

手水舎の前にはダイナミックな滝もあって、落ちている水をぼーっと眺めているだけでも心が落ち着きます。

本殿から参道を下って帰る途中に、布袋（ほてい）さんの像があります。参拝客がみんなお腹を撫でてい

くのでしょう。お腹だけ色が褪せてツルツルになっていました。いいなぁこのお腹、福運をもらえそうだな、と思った私も撫で撫でさせてもらいました。

その右手に赤い鳥居があります。最初はお稲荷さんかと思いました。しかしよく見ると「秋葉神社」と書かれています。強力な磁力を発していたので行ってみました。

最初の赤い鳥居をくぐりふたつ目の鳥居をくぐってもそこには道も何もなく、多分このまま上へ登って行くのだろうと思い、少し登ってみた時でした。

「こっちだ、こっち、こっち」と誰かが呼びます。

声のほう（左側）へ行ってみると大きな岩があって、その岩がくり抜かれた穴の中に小さな祠がありました。呼んだのはどうやらそこにいる神様のようです。

祠へ行くには道があってないような斜面を歩くので、ズリ、と転げ落ちそうになるのを踏ん張って歩かなければなりません。しかも狭くて苦労しました。

やっとのことでおそばに行ってみたら、祠は横を向いています。おまけに祠の真ん前は超狭くて、そこに人は立てないだろうという面積でした。

「正面から拝むのは無理だなぁ」と言いつつ見ていると、

「そんなことがあるか」と言うのです。

それは、まさか……と思う間もなく、

「前に来い」と言われました。

「えぇーっ！　こ、ここを上がって？　この狭っちいところに屈め、と？」

「そうだ」

「………」

いやいや、言うほうは言うだけだからいいかもしれませんが、上がるほうは怖いんですけど、と口には出さず心で反論しました。

祠の前は本当にギリギリ1人分のスペースで、しかも平らじゃないのです。おまけに地面から高くなっているので、よっこらしょ、と上がらなければなりません。ヘタしたらひっくり返りそうな場所なのです。

しかし、来いと言われたからには上がらなければならず、頑張ってその狭っちいところに屈みました。腰を治してもらえてて良かったです。本殿に行く前だったら不可能でした。

そこで祝詞（のりと）をあげていると、神様が姿を現しました。白いAラインっぽい服で、これは他の場所でも見たことがある服装です。超古代の服のようで、袖も袖口に向かって広がっていました。

ここの神様は古代人の男性のようです。見た目は仙人みたいな典型的なおじいさんでした。

その神様が岩と同化して、屈んで手を合わせている私の頭から肩、背中を撫でてくれます。よしよし、と。

岩がくり抜かれていて、岩の胎内という感じになっているので、ここも波動が逃げにくいです。その場所にこんもりとあります。もちろん岩自体にも強いパワーがあります。

神様に背中を撫でてもらうと体がさらに楽になって軽くなりました。精神的にも「うっしゃー！」と気合いっぱい、元気ハツラツになりました。

人知れず静かにいる神様ですが、優しいです。参拝する人が誰もいないので、暇だったのかもしれません。そこへひょっこり私が現れたので、「おや？　面白そうなヤツが来たぞ」と、暇つぶしに呼んでくれたのだと思います。もしかしたらちょっぴり寂しかったのかも？　とも思いました。でも呼んでもらえて良かったです。

ものすごくスッキリサッパリして元気になり、帰り道は変な言い方ですが、ワクワクして道を下りました。

榛名神社は7時開門となっていて、私は開門と同時に入りました。おかげで誰もいない境内を独り占めできました。8時を過ぎるとパラパラと人が増えてきて、9時近くになると多くの参拝客が本殿目指して歩いていました。ゆっくりしたい人は早朝がお勧めです。

私はこの神社の本殿で、腰が痛いとも治して下さいとも、ひとことも言っていません。本に書くべきことがあれば教えて下さい、日本中の人に伝えたいことがございましたら教えて下さい、とそれだけしか言っていないのです。

それなのに本殿から下りると腰痛が完全に治っていました。癒すパワーがすごいのです。

加えて、私は前日の防寒が不十分で風邪とまではいかないけれど、鼻水がちょっと出るという状態だったのですが、それもスッキリさっぱり治っていました。高波動で免疫力が高まる神社なのです。体を元の状態、健康状態に戻そうとする作用があるように思いま

す。気づいていない病気の芽などもなくなってしまうのではないかと思いました。

この神社は参拝すると、霊山修行のハンコがひとつもらえるような感じです。

昔だったらあの場所まで登るのは大変だったでしょうが、今はすぐ下の駐車場まで車で行けますから便利です。高い山をヒーヒー言って登らなくてもいいので、神様も、「ここに来ると良い」とおっしゃっていました（霊山修行の意味です）。

神様も眷属も厳しくなんかなく、癒し専門の場なので、穏やかなほわんとした性質です。何もかもがすごく良い神社です。読者の方が「お気に入りの神社なんです！」とお勧めメールを下さる理由がわかりました。

もしもまだ参拝したことがないという方には、超お勧めしたい神社です。

●妙義神社　～天狗の怒り

妙義山はこの神社から参拝しました。

駐車場に車を停めて何気に歩いて行ったのですが、総門手前から何だか普通の神社の「気」とは違っていました。

境内に入ってみると大きくて立派な神社なのですが、お寺の「気」が強く、神仏習合の名残かなと思いました。お寺の気のほうが勝っているのです。

そのまま奥へ進むと傾斜のきつい長～～～い石段があります。それが昔のままの石段のようで、歴史を感じます。経年の劣化で歪んでいる箇所が多くあるので、注意して登っていると、石段横の木が切られているのが気になりました。

ご神木クラスの大樹です。それが根元からばっさり切られています。切られているのは一本だけでなく、何本もありました。

理由はすぐにわかりました。その木の根っこが石段を地面から持ち上げており、そのまま成長し続けると石段が壊れてしまうからです。すでに持ち上がっているところもあって、その周辺の石段は歪んで崩れそうになっていました。危険だから切ったということは一目瞭然です。

石段を登りきって唐門をくぐると、正面に本殿があります。

その本殿が……黒い漆塗りなのでした。社殿は建築物として、美術的観点からすると素晴らしいものでした。しかし、なんと言うか、見た瞬間に

「あ、これはちょっと……」と思いました。

本殿に神様の気配はありませんでした。背後のお山にいらっしゃるのかな？　と思いましたが、よくわかりません。奥の院があるそうなので、そちらにおられたのかもしれません。

本殿をぐるりと一周して、裏側にある両天狗像にも一応手を合わせ、では帰ろうか、と石段を降りていると……そこで、大きな烏天狗が見えました。

それがものすごーーーーく怒っているのです。激怒しています。邪悪な顔になっているくらい怒っていて、ビビった私は凍りついてしまいました。

うわぁ……なんで見えたん？　と、泣きそうな気持ちになりました。

嫌だなぁ、関わりになりたくないい〜、というのが本音です。眷属は普通の状態であれば優しいのですが、怒ると怖いからです。

相手は神仏ですので、気づかなかったフリでやり過ごす、などということはできません。ひぃぃぃ〜、と心で悲鳴をあげながら勇気を出して聞いてみました。

「どうして怒っておられるのですか？」

「参拝者に怒っているのではない！」と言うものの、怒髪天を衝くといった感じでした。

ひ～え～、怖いぃぃぃぃ、これ以上は関わらんとこ、とそのますたこらさっさと神社を後にしました。

この烏天狗は妙義神社の神様の眷属だと思われます。どうして怒っているのか？　と駐車場までの道すがら考えてみました。

高級霊が宿るご神木を何本も切ったからだろう、と私はそう思いました。ご神木を切らずとも、別に参道をもう一本作れば済む話なので、なぜそうしなかったのかとお怒りなのかも、と思いながら次の神社へ向かいました（事の真相は次の神社の神様に教えてもらいました）。

●中之嶽（なかのたけ）神社　～パワスポから眺める絶景

妙義神社から中之嶽神社に向かって走ると、素晴らしい景色が眼前に迫ってきます。妙義山は日本三大奇景に挙げられているそうで、奇岩のスケールの大きさに魅了されます。岩山と木々の組み合わせが美しく、車の中で「うわぁぁぁ」「すごいー！」と大騒ぎで運転しました。

鳥居をくぐってまず目に入ってくるのが、大きな大黒像です。比較的新しいもののようで、最近作りました感が出ています。そこから奥に行くと「中之嶽大国神社」があります。大黒様をお

祀りしている神社です。

この神社は狛犬ではなく、大黒様の像が左右に置かれています。一方は打出の小槌を高く掲げ、もう一方は剣を掲げています。それを見て、ああ、そうか、と気づきました。

これは『「神様アンテナ」を磨く方法』という本に書かせてもらったのですが、私のところには大黒様が来てくれていました。大黒様は、最初はとても小さくて袋だけを持っていたのですが、徐々に大きな体に成長していき、旅立つ前に再び小さくなって剣を携えていました。打出の小槌ではなかったです。

他で見たことがある大黒様も剣ばかりだったので剣を持っているという認識でしたが、よく考えると普通は打出の小槌を持った像です。そうだった、巷では打出の小槌を持っていることになってるんだった、と改めて気づいたのです。

私は小槌を持つ大黒様にまだお会いしたことがないので、持っている大黒様にお会いしてみたいと思いました。小槌がどんなものなのか見てみたいです。できれば振ってもらって、どのような効果、力があるのかも知りたいです。

おみくじには〝打出の小槌おみくじ〟があって、金色に輝く小槌は小さいけれど縁起物でした。参拝客はみなさん大黒様がお好きなようで、イベント会場みたいな明るい楽しさがありました。

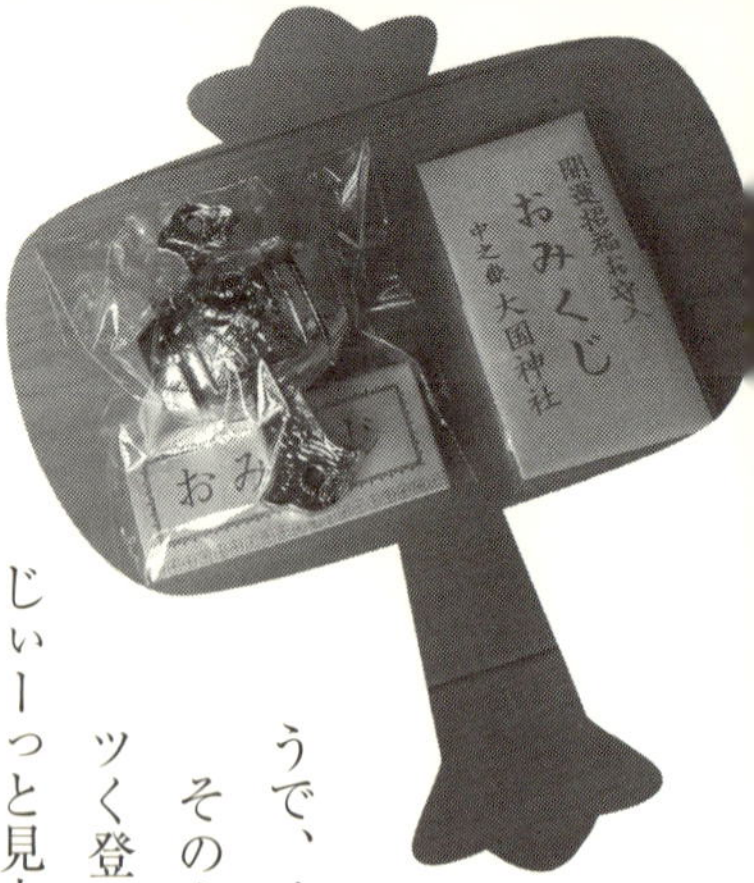

その大国神社の脇から長〜い長〜い石段が上へと続いています。傾斜もキツく登るのはしんどそうです。私の横にいた、お年を召したご夫婦が無言でじぃーっと見上げて、「やめておくか」「そうね」とあっさり断念していました。

この石段を上がったところに中之嶽神社の拝殿があります。

轟岩（とどろきいわ）という岩がご神体ということで（山の中にあるみたいです）、この神社に本殿はありません。ですからこの拝殿で手を合わせて、山岳系神様にご挨拶をします。

この拝殿からぐるっと山の中を一周するコースがあって歩いてみました。ハイキングほど楽ではありませんが、登山というほどしんどくもないコースです。所要時間は約1時間です。小学生の子どもたちが引率の先生と登っていましたし、年配者のグループも多かったです。最初はひたすら登り道となりますが。

ここの山岳系神様もとてもきさくな感じでお話をしてくれます。

まず、妙義神社で烏天狗さんが怒っていた理由を聞きました。

神様の説明によると、社殿を黒く塗っているため、神様が中に長く入っていられないから、ということでした。神様はどの神様も「黒色」の波動（色にも波動があるそうです）が嫌い・苦手なのだそうです。

見えない存在のための黒塗りの家というか、入れ物というか、入る場所の代表と言えば「仏壇」であり、神様はそこに入ることができないと言います。

家の神棚に黒塗りの仏壇のような社は置かないであろう？　とわかりやすい例もあげてくれました。社殿の基本は白木造だということです（ちなみに朱など黒以外の色に塗っているのは大丈夫だそうです）。

せっかくあの神社には神様がいるのに黒く塗った社殿を建てたため、社殿内に宿れずそのことで眷属の烏天狗が怒っているという話でした。

もしも真っ黒（黒一色）に塗っていたらまったく入れないそうで、赤だの緑だの別の色が入っ

ていると少し緩和され、わずかな時間だったら我慢して入れるようです。

本殿に入れないとしても、奥の院にいればいいのでは？　と思ったのですが、奥の院は神仏習合だった時の修行場だったそうで、神様の場所ではないそうです。

つまり、神様は山から来られても入る社殿がないため、少し不自由な思いをされているということです。ああ、それは眷属として怒るだろうな、と思いました。

妙義神社は最初、依代（よりしろ）の石のみの神社だったようです。今から１０００年前のことです。それから約６００年たった江戸時代初期に、黒い波己曽（はこそ）社殿（旧本殿）が建てられています。現在の本殿は江戸時代後期のものだそうです。

６００年も石のままで、いきなり大きな本殿が建つというのもちょっとおかしいので、それまでに小さなお社、もしくはお堂が建てられていた歴史があるのではないかと思います。その時はきっと、ごく普通のお社・お堂だっただろうと思うので、神様は石からそちらに遷られたのではないかと想像できます。

そうして何百年かを過ごし、黒い社殿が建ったため入ることが難しくなりお山に帰られたのでしょう。しかしこうして烏天狗が怒っているということは、神様は帰りっぱなしではなく、人々のために本殿に来られているということです。帰ったきりなら怒る必要はないからです。不自由だけど時々来る、ということは、ご自分の不自由さよりも人々を守るほうを優先していらっしゃるということです。それほど慈悲深い優しい神様なのです。

眷属は黒い社殿になった、という６００年前のその〝状況〟を怒っているのであって、今の神社の関係者の方々を怒っているのではありません。神仏は人間と時間の感覚が違いますから、たとえ６００年前でも昨日のことのように感じているのです。

「ご神木を切ったことに対して怒っているのかと思いました」そう言うと、中之嶽神社の神様は、

「それは関係ない」とおっしゃっていました。

木は自然のサイクルの中で、またすぐに生まれ変わって生えてくるし、宿っている高級霊は別のご神木となる木に移るから構わないのだそうです（だからといってむやみに切っていいという話ではないです）。

妙義神社の場合、危険なので切るのはやむを得ない、人間が怪我をするよりはいい、とのことでした。


そのような会話をしていると、見晴台に到着しました。見晴台、という名前の割には小さな狭いスペースで、しかも年配のご夫婦が仲良くお弁当を食べていました。

「すみませんねぇ～」と謝るので、

「いえいえ、お食事中にごめんなさい。写真だけ撮らせて下さい」と、断ってカメラを出しまし

た。

見晴台から眼下を見渡したかったのですが、そうするためには食事中の人の真ん前を（幅が狭いのです）横切らなくてはなりません。それはちょっとできないかな……砂埃とか立ちそうだし、と遠慮して手前で写真を何枚か撮りました。

「すみません」「すみません」と2人とも恐縮しているので、長居をすると逆に申し訳ないため、すぐにハイキングコースに戻りました。

見晴台はコースの半分より手前にあって、ちょっとしんどかった私はこのまま引き返そうかな、としばしそこで悩みました。というか、かなり悩みましたが、神様が回って帰りなさい、と言うので第4石門へと向かいました。

この第4石門というのは、石のアーチです。すごかったです。岩の真ん中が見事にくり抜かれていて、アーチ状になっているのですが、それがとても大きいので「ホ〜」と感嘆の声が出ます。口をあんぐり開けてポケ〜ッと見とれていると、「こっちだ」と案内されました。

石門の端っこというか先端の部分（広場から見て右側）へ行くと……そこが絶景ポイントでした。先端へは一見行けないように見えるのですが、岩を越えて行けます。

そこは高度があるので、景色ははるか下に見えます。縦長のとんがった大きな岩山があり、左手には仏様が宿っている岩山もあって、とにかくすごい景色でした。他ではお目にかかれない風

景なのです。

その場所に座って太陽光をふんだんに浴び、風にそよがれて癒されました。空にも近く、山岳系神様の波動ももらえます。素晴らしいパワースポットです。多くの岩山がパワーを放っているのです。もちろん浄化もされます。修行中の天狗もいたりして、時間を忘れてしばらくそこに座っていました。

私が見たところ、妙義山に龍はいませんでした。天狗はたくさんいました。修行をする場所になっているようです（特にとんがっている高い岩山です）。

体力がある方でしたら、中之嶽神社からぐるりと一周回ってパワスポに座るといいです。スッキリして帰れます。

妙義神社での参拝は、不自由な思いをされていながらも守って下さる神様にお礼を言い、烏天狗さんにはお気持ちはわかりますとそれだけをお伝えするといいと思います。

参拝者が状況を知った上で、いや、知ったからこそさらに神様をありがたく思い、深く感謝しているとなると、烏天狗さんの怒りも少しずつ収まっていくことと思います。

スピリチュアルの不思議11

ストレスはマイナスの意志

低波動も自分を傷つける

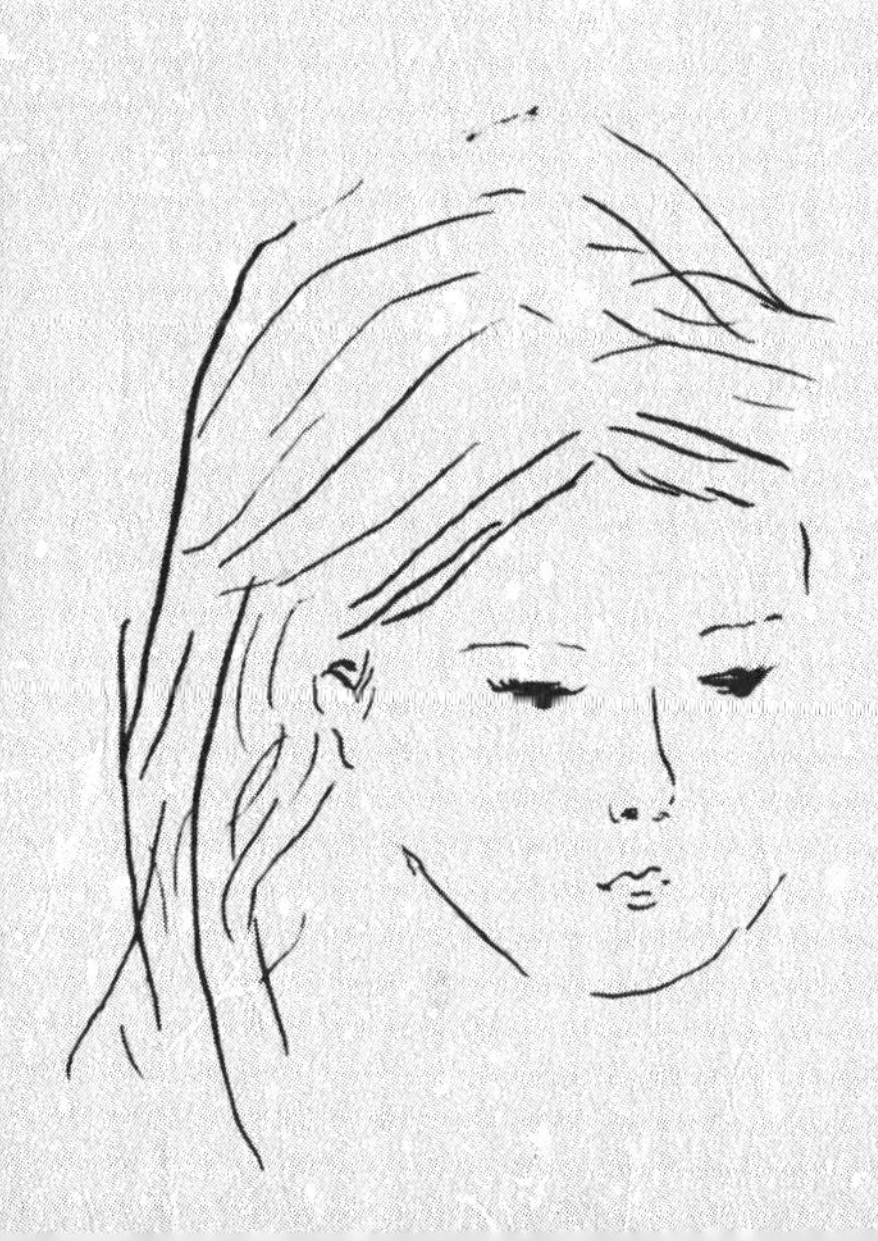

●ストレスはマイナスの意志　～低波動も自分を傷つける

少し前のことです。ある日気づくと、左手の中指の第一関節部分にポチ、と水ぶくれができていました。あれ？　なんでこんなところに？　と思いましたが、痛くないしどうってことはないので放っておきました。

水ぶくれは日々大きくなっていき、中には本当に水が入っていました。それが真ん丸に、パンパンに膨らんで大豆の大きさのイボのようになりました。

でも完全に水疱で痛まないしたいしたことではないだろうと思いましたが、見た目が良くないので皮膚科に行きました。

皮膚科の先生が言うには、指の関節の間には袋があるそうで、その袋が関節から飛び出していて、中にゼリー状の液体が溜まっている状態、とのことでした。

「これはなかなか治らないよ～」と先生は言います。

何回か焼きに来なければいけない、切って取ってもすぐに再発するので焼くほうが確実である、という説明を受けました。さっそくその日に1回目の焼く治療を受けました。

焼く治療とは、正確に言えば液体窒素で患部を凍らせる方法です。低温で火傷をさせてかさぶたにし、下に新しい皮膚を作るという治療です。

看護師さんがなにやら白い煙が出ているコップと竹ひごのようなものを持って来まし

た。その竹ひごに液体窒素をつけ、イボの部分をぎゅうぅーっと押さえます。３回くらい繰り返しました。患部が真っ白になって治療は終わりです。

これが意外と痛いです。治療の時はそうでもないのですが、あとからズキンズキンと痛みます。イテテテ、と顔をしかめてしまう痛さでした。

焼いた部分は日を追うごとに黒くなっていき、やがてかさぶたとなって落ちていきます。ふぅ、と思ったら、その下にはまた新たな水疱ができていました。「またあの治療か……」と見つめていると暗澹たる気分になっていきます。

何回か焼かないといけないと先生も言ってたしなぁ、と覚悟を決め治療を続けました。しかし、その効果はなく水泡はでき続けます。

先生は「芯が取れないとねぇ〜」と言っていましたが、その芯は２回目のかさぶたで取れているのです。

焼く回数を重ねてもいっこうに治りません。通院期間を短くしてみたりもしました。でもしつこくでき続けるのです。

「いつになったら治るねん！」と気分は最悪です。見た目が悪いので気が滅入るのです。

７回目の治療を終えても治らなかった時に、もう病院に行くのは嫌だ！　と思いました。かさぶたができているか、できかけの状態でその部分が常に黒く、人に見られるのが苦痛でした。絆創膏を貼って隠したりして、なんだかもうこれ以上無理、と思ったのです。

そこで治療はすっぱりやめました。治療をやめた後も水疱はぽっこりとイボのように大きく膨らんだままで、一生このままなのかな〜、と暗い気持ちで日々を過ごしていました。

それから少しして、熊野三山に参拝に行きました。私個人の熊野三山は、熊野本宮大社、那智にある飛瀧(ひろう)神社、玉置(たまき)神社の3社で、一般に言われているものとは違います。

熊野本宮大社に参拝する時は、できるだけ熊野古道を歩いて境内に入るようにしています。その時もいつものように古道を発心門(ほっしんもん)王子からてくてくと歩いていました。

そこで、おぉ、そうだ、熊野の神様にこの水疱のことを聞いてみようと思いつきました。

その前に伏線とも言える出来事がありまして……そちらから先に書きます。

古道を歩いている途中で写真を撮ろうとしたら、うっかり手がすべってカメラを落としました。落とす直前に、まだ落とす気配がまったくないのに「カメラを落としそうだな」と思いました。

それは〝わかる〟という感覚で、予想とか予感程度のものではなく、ハッキリとした予知の感覚でした。

で、落としました(落とした場所は雑草がたくさんはえていたところだったのでダメージはありませんでした)。

それからちょっと歩いたところで、スマホで確認することがあり、リュックから取り出した瞬間に「スマホも落としそうだな」と、これまたハッキリと予知の感覚でわかりました。先ほどのカメラの時と同じ感覚で〝わかった〟のです。

しかし立っている場所は足元に雑草がはえていなくて、ベタベタした泥の地面です。小さな水たまりなんかもあります。

スマホは側面に小さな穴がいくつか開いているので、そこに泥でも入ったら一巻の終わりです。

買い替えるん高いから無理やし……と考え、「いーや！　落とさへんっっ‼」と強固な意志で予知を振り切りました。声にも出して言いました。

すると今度は落とさなかったのです。

神様は「その意志が大切」と言っていました。ぎゅっと濃縮した意志の力は強い、とのことで、これくらいの小さな出来事であれば、変えることもできるのです。この教訓は別の話をしていてもらいました。

この後に、あ、そうそう、水ぶくれができていて……と神様に説明をして、

「このイボみたいな水疱は治らないのでしょうか？」と聞いてみたのです。

すると神様は、ストレスが原因である、と言います。

たしかに私はとても大きなストレスを抱えています。本を書くことは考えていた以上に大変な作業であり、常に不安との戦いです。事実とはいえこんな不思議な話を受け入れてもらえるのか、締め切りに間に合うのか、ちゃんとした本が書けるのか、そもそも私が今書いているテーマは神仏の意向に沿ったものなのか等、常に「どーしよー、どーしよー」という不安と焦りに似た強いストレスがかかっています。

自分ではプレッシャーだと思っていたのですが、その〝焦り不安〟がよくない、と言われました。毒素となって、自分を攻撃するのだそうです。

熊野の神様は古道のその場で私から焦り不安のストレスを抜いてくれました。

「今後、この気持ちを持たずにいれば治る」と言われました。

不安とか焦りなどのストレスはマイナスの意志なのだそうです。それをぎゅっと濃縮して強く持てば、自分を攻撃して、自分の細胞を壊します。

先ほど書きましたように、ぎゅっと濃縮したプラスの意志は小さな未来の出来事くらいなら変える力があるのです。それを逆に使えば……病気にもなるというわけです。それほど意志には力があります。

熊野本宮を参拝した後、玉置神社へ行きました。駐車場に車を停めて降りた時に、ちょうど参拝から戻ってきた男の人が車に乗り込んでいました。

ここの駐車場は広いです。私が駐車場の隅にあるトイレに行って、反対側の鳥居までの長い距離を歩き終えても、男の人の車は発進しません。鳥居をくぐって何気に振り返ると、男の人は車から降りていました。そして、私と目が合うと慌てて車に乗り込みました。

なんか変……と疑念がむくむくと湧き上がってきます。

本殿に向かって歩き始めたのですが、どうにも気になって仕方ありません。挙動不審、という四字熟語が赤字で頭に浮かび、そう言えばソワソワしていたような気がする、なども後付けで考えたりして、車上荒らしかも!?　と思いました。

レンタカーだから鍵を壊されたら弁償せなあかんやん、うわ、どーしょー、と悩みました。鍵を壊すだけでなく、なんだかんだと盗まれるのでは……あ！　車ごと盗まれたらどーするぅー？　映画でよく2本のコードをバチバチっと接触させてエンジンかけてるやん？　あれで盗まれるんちゃう！　そしたら車1台……ぜ、ぜ、全額弁償⁉　というか、そうなったらここからどうやって帰るねん⁉　と不安が巨大になって、「きゃーっ！」と卒倒しそうになりました（相変わらずビビりです）。

そうなるといてもたってもいられず、神様どころではなくなって、かなりの距離を歩いていたのに急いで引き返しました。

ゼーゼーと呼吸も荒く駐車場に戻ると、当然そんなことにはなっていません。いつもの静かでのどかな駐車場です。男の人の車はすでにそこにはなく、私のレンタカーも無事でした。

今、書いていて冷静に思いますが……おばかですねぇ。そのまま歩いていたら本殿に着いている頃なのに、またふりだしに戻って歩き直しでした。

今度は玉置の神様が教えてくれました。

このしなくていい心配、不安も体に良くないのだそうです。

このような取り越し苦労は「う――――」と悩む気持ちが強いです。気合を入れて悩むため凝縮されています。これも焦り不安の気持ちと一緒でマイナスの意志です。毒素になるということでした。

私は、車上荒らし？　車上荒らしなん？　絶対車上荒らしやわ！　と繰り返し考えて不安をつのらせ胃が痛くなるくらい悩みました。

結果から言うと車は無事でした。仮に車上荒らしだったとしても戻った時には盗みは完了していると思います。ずっと見張る以外、防ぐ方法はないのです。

つまり、悩んでも悩まなくても、結果は変わらないということです。結果が変わらないのなら、悩んだ気持ちも時間も無駄だったということになります。わざわざ無駄なことをして自分の調子を悪くしているのですね。

悩まなくていいことまで集中して一心不乱に悩む必要はないのです。自分で毒素を作らなくてもいい、というわけです。

それからもう一つ、低い波動の念……悔しい、妬ましい、憎い、あいつムカつく、イジメたらスッキリする、などそういった低い感情を持ち続けるのも自分の体にとって良くないです（もちろん霊格も下がります）。

というのは、自分の内部で低い波動を作り出し、常時その波動に浸かっている状態になるからです。

これはお姑さんと同居している知人の話です。そのお姑さんは毎日のようにイヤがらせを口にしていました。バカだのノロマだの、えっ？　そこまで言うの？　と驚くくらいの意地悪な内容です。傷つけるような言葉を選んで言うのですね。近所中に、悪妻だから息子が不憫とか、出て行けばいいのに、と吹聴して回ってもいました。

その話を時々聞いていた私は、そんなに強く「相手憎し！」の感情を毎日持っていたら病気になるのでは？　と思っていました。結果はやはりそのようになってしまい、入院、手術と大変だったそうです。

ここでお断りしておきたいのは、病気になられた方が皆さん波動の低い感情を持っているということではないです。このようなケースもあるという、ほんの一例です。そこのところくれぐれも誤解のございませんようお願い申し上げます。

高い波動は細胞を活性化して免疫力が上がりますが、低い波動はその逆です。体の正常な機能を壊してしまいます。

ですから、腹が立つことがあってカッとなっても、悔しい〜、ムカつく〜、と強く思っても、少ししたら「よし、ここまで。もう十分だから終わり」と、意識してやめることが大切です。私のような焦りや不安のストレスも「なるようになるわ」と鷹揚に構える部分が必要です。

しっかり考えて結論を出さなければいけないという場合は仕方ありませんが、悩もうが悩むまいが結果は一緒、という場合はぎゅっと凝縮しないようにうまく処理したほうがいいです。

大事な体ですから、自分の念で傷つけないようにしたいものです。

ちなみに指の水疱イボは熊野の神様に参拝した後、見る見るうちに小さくなり、あっという間になくなりました。これも本当に信じられない現象でした。やっぱり熊野の神様はすごいです。

いまだにしょっちゅう、「ぎゃー！」と焦って不安になっていますが、意識して「ハイハイ、今日はここまでね」とやめるようにしています。

第三章　東京近郊の神仏

●成田山新勝寺　～大きな不動明王のごりやく

成田山新勝寺の名前は意識して覚えたわけではないのになぜか知っている、という人は多いのではないかと思います。テレビなどでよく聞くからかもしれません。

「成田山」と名前についているので、私は長い間、成田山という山の中腹かふもとにあるのだろうと思っていました。実際に行ってみると、普通に街の中にあります。

そこでこの本を書くにあたってちゃんと調べてみたら、お寺には「山号」があることを知りました。成田山のように「～山」というものです。

山号の起こりは中国で、この制度が日本に伝わってきて、禅宗寺院でお寺の所在を示すのにふさわしい山号がつけられるようになったそうです。それが他宗の寺院へ広がったのだそうです。宗派によっては山号をつけないお寺もあるということです。

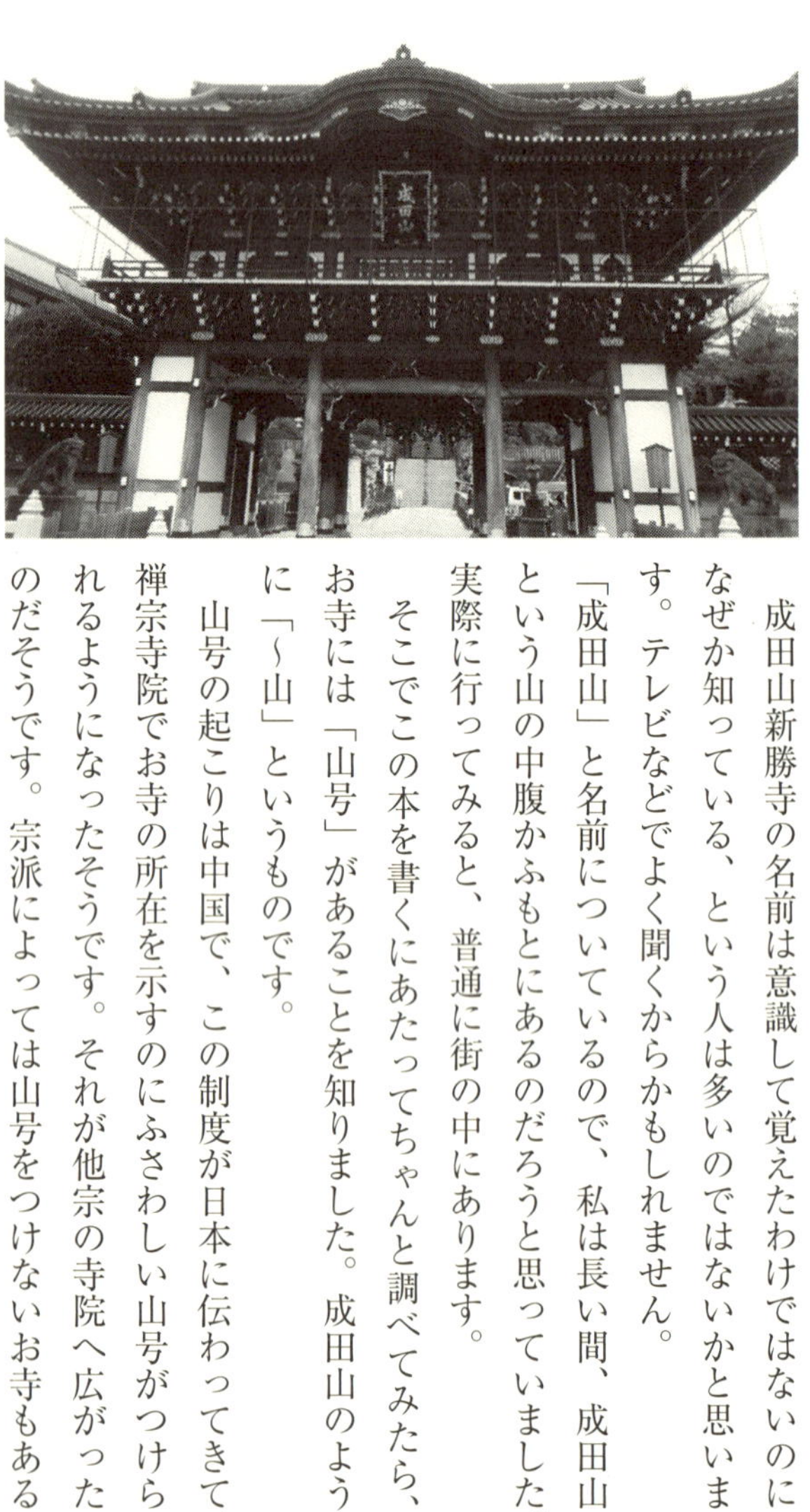

なるほど～、と勉強になりました。将門さんの胴塚の「神田山如意輪寺延命院」も平地にあっ

たのですが、昔、このあたりは山だったのね〜、と勝手に思っていました。あれも山号だったのですね。

新勝寺は門を一歩入ったところですでに、力強い「気」が満ちているのを感じます。大本堂に入ると仏様の発する波動に圧倒されます。強いお不動さんがいることがその時点でわかります。大本堂の中は豪快に広く、立派な造りでした。

しかし、ご本尊のお不動さんがよく見えません。遠すぎるのです。透明のガラス（ボード？）越しに見るため、反射もあってさらに見えにくいです。

少し右のほうへ移動して隙間から見てみましたがよく見えず……。お姿を拝見したいなー、祈祷するしかないのかな、と思いました。ちょうど七五三の祈祷の最中で、お堂の奥内部というかガラスの向こうの靴を脱いであがる部分には、数組の親子がいました。

あの場所に入るためには祈祷をするしかないのだろうと諦め、これでは天井からぶら下がっている立派な天蓋を見に来たようなものだなと、ちょっぴり残念な気持ちになりました。

あ〜あ、と元気がなくなった私はガックシとうなだれて、人の流れに沿ってお堂を出ようと左手に歩いて行きました。そこには授与所があって、その正面をふと見ると「靴をこの袋に入れてお入り下さい」みたいなことが書いてあるのです。

「えっ！　入ってもいいの？」と慌てて授与所へ行き、そこにいたお坊さんに聞くと「どうぞ」と言います。

「あの～、祈祷を受けなくても？　上がっていいのですか？」と、ビビリな私は、どうぞと言ってくれているのにもう一回確認しました。

すると、お坊さんは今度はにこやかに微笑み「どうぞ」と再び言ってくれました。

ひゃっほぅー！　やったぁー！　と叫びたいのをグッとこらえ、テンション上がりまくりなのでうっかりバンザイしそうになったのもかろうじて押さえ、大人として平静を装って静かに靴を脱ぎ袋に入れました。

見取図

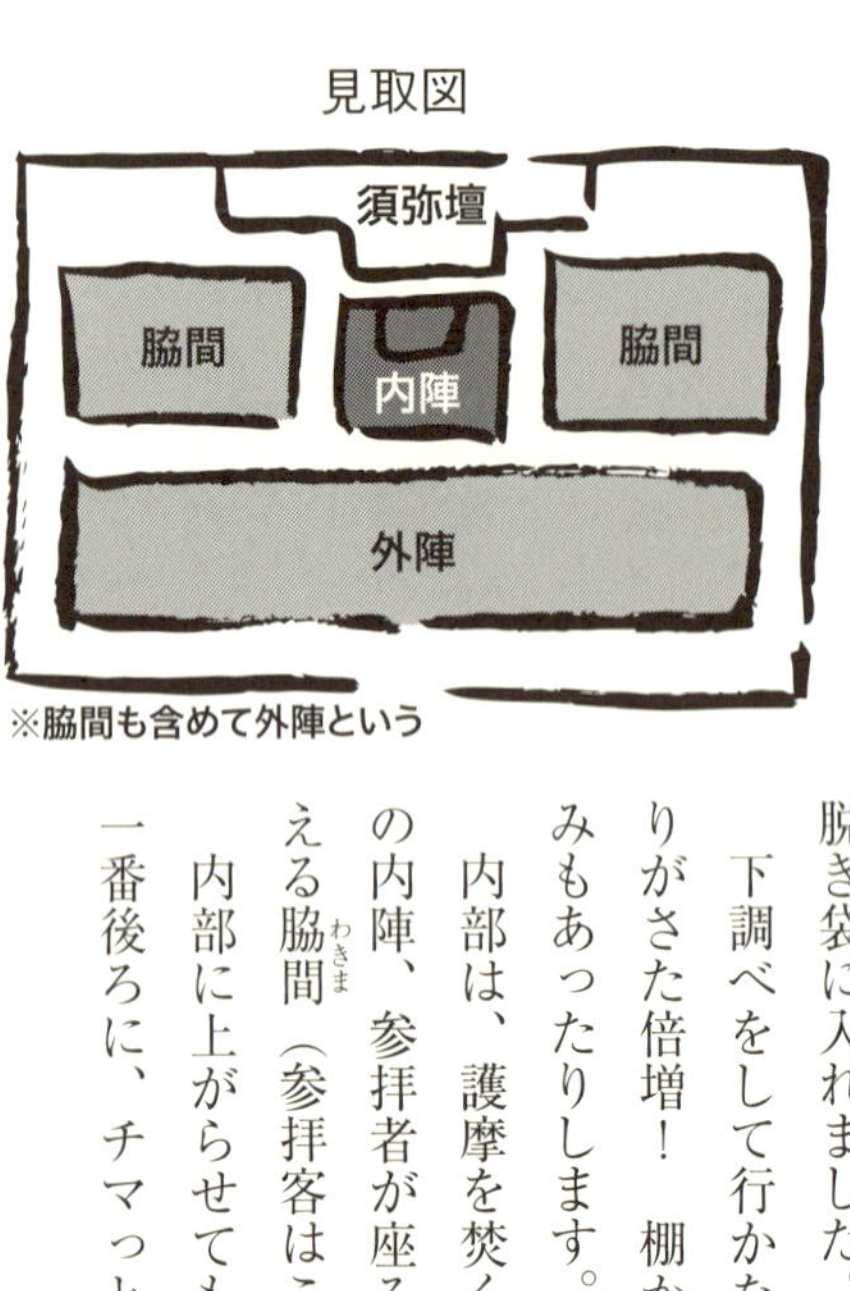

※脇間も含めて外陣という

下調べをして行かないと不便なこともありますが、このようにありがさた倍増！　棚からぼたもち的な幸運を味わえる、という楽しみもあったりします。

内部は、護摩を焚く護摩壇を含めたお坊さん方が祈祷をする場所の内陣、参拝者が座る場所の外陣、内陣横にあるかぶりつきとも言える脇間（参拝客はここにも座れます）に分かれています。

内部に上がらせてもらった私は遠慮して、最初は外陣の端っこの一番後ろに、チマっと座っていました。祈祷をお願いしていない人が座るのは当然端っこだよね、と思ったからです。

七五三の祈祷が終わると外陣に人が誰もいなくなったので、真ん中に行って手を合わせてもいいのかな、と中央に行きました。あまりの広さにビビりながら内陣の手前でご挨拶を終え、ふと見ると大勢の人がワラワラと脇間と呼ばれる場所に入っていきます。

年配のご夫婦や1人で来ているおじさん、若いお姉さんなど、15人くらいでしょうか。みんな入っていってそこに座っているのです。

そこに入ってもいいんだ〜、その特等席みたいな場所に座ってもいいのね、と思った私は、お不動さんに一番近い場所でもあるので、混ぜてもらうことにしました。おそばでお顔を拝ませていただこう、と思ったのです。

しかし脇間の右側は人が多くて、お不動さんに近い角のところはすでに満員です。左側はなぜかガラーンとしていて誰もいません。右がいいのなら左もいいのかな、と左側へ行って座り、そこでお不動さんの仏像に向かって話をしようとしたその時でした。

何かが始まる、とアナウンスがありました。

言っている内容が聞き取れなかったのですが、私は無料であがっているわけです。「出なきゃ」と思いましたが、どんどん人が入ってきます。どうやらいてもいいらしい、とわかったのでそのままそこに居させてもらいました。

何でこうも必要以上にびくびくしてしまうのかというと、お寺の威風堂々とした雰囲気に飲まれてしまうからです。例えて言うと、作法を知らないまま格式高いお茶席に参加した、みたいな感じでしょうか。作法を知らないのに超高級レストランのフルコースを食べに行ったようなものです。

そうこうするうちに祈祷が始まりました。ラッキーです。

お不動さんのご加護をいただいて帰ろう、とワクワクしていたら大太鼓が打ち鳴らされました。ドーンドーンとものすごく響きます。お不動さんの波動の太鼓です。悪いものはついていられません。この場に居られるだけで感謝、という気持ちになりました。

そこでお不動さんが声をかけてきてくれました。

「ここの祈祷を見せるからよく見ておくように」

わざわざ言うところをみると普通の祈祷と違うのだろう、と思っていたら、本当に全然違っていました。

ここの護摩祈祷は護摩を焚くお坊さん1人が読経するのではなく、後ろに控えた5人くらいのお坊さんが（私の後方にあたるので振り返って見れませんでした。多分5人です）一緒にお経を唱えます。護摩を燃やすお坊さんはサクサク燃やし、燃やすサポート専門のお坊さんはせっせとサポートしています。

ですので、お坊さんが1人で全部するやり方とは違っていて、こちらは全員が力を合わせて参拝者のために加持祈祷をするという雰囲気になっています。

ここで須弥壇（仏様が安置されている場所です）の前にいた、数名のお坊さんの1人が近くに来て、何ごとか言いました。ですが、全然聞こえず、私と一緒にいた若いお姉ちゃん3人も聞き取れなかったようで「？？？」となっていました。

お坊さんはそのまま大勢がいる右側へ行かれ、そこにいた数名のお坊さんとともに、参拝者のバッグだのリュックだのを預かっています。そしてそれをゴウゴウと燃え盛る火にかざしていました。

後から調べて知ったのですが、これは「御火加持」というもので、参拝者の持ち物を護摩の火にかざしてもらえるのでした。

うわ～ん、せっかくのありがたいチャンスを～、と下調べをしなかった自分を恨みました。下調べをしていないとこういうところで泣きを見ることもあります。ううう。

脇間にいる人だけでなく外陣にいる人までもが、どどどーっと荷物を持って来て次々とお坊さんに預けています。お坊さんはそれらを受け取ると護摩の火のところまで持って行き、数秒間かざして返していました。

じっと見ていると、その持ち物は護摩の強い火の力で浄化されています。これはすごい～、と目を見張りました。〝火の浄化〟なのです。

下調べしておけば良かったー！　とここで猛烈に後悔しました。私も火の浄化をしてもらいたかったです（泣）。知らなかったので、せっかくお坊さんが「御火加持」をしましょうか、と言いに来てくれたのに聞き取れなかったのでした。

というわけでひたすら見ていたのですが、皆さん、リュックとかバッグを出していました。

私だったらお財布を渡します。バッグやリュックには清めなければいけない念の垢などないはずだし（中古で買った場合を除きます）、私だったらせっかくの「御火加持」なので、お金についている念の垢を焼いてもらいます。

バッグの中にはお財布も入ってますよ？　バッグごと浄化してもらえるのでは？　と思われるかもしれませんが、「財布」を清めるのと「バッグ」を清めるのとでは意味が違います。

1人だけ財布を渡した人がいて、お坊さんが財布を火にかざしていました。すると一瞬で浄化された財布になって、多分中のお金もキレイになったことと思います。

いいなぁ～、と羨ましかったです。

持ち物が中古品など、前の使用者の念が残っていそうなものはここで焼いて浄化してもらうといいです。ブランドバッグとかブランドものの時計とか宝石とか。

こびりついた念の垢が取れてその影響を受けなくなります。聖水や塩などで清めるよりもキレイさっぱり焼いてもらうほうが早いです。

かざしてもらえるのは１つだけでしょうから、２つある人は連続して祈祷に参加させていただくことになると思います。ちなみにここのお不動さんは大変強いので、自分だけこっそり２つかざしてもらっちゃおっと、なんてズルをしたらその心根を叱られます。

お不動さんは、仏像から出てきて護摩の火の真ん前に立っていました。それが超でかい！　のです。ひーっ、と見ていて声が出そうになりました。内陣がすぐそばでしたから、日の前です。力が強すぎて、見た目が怒った仁王のようで怖かったです。

「うわぁ！　でか！　しかも強すぎてこわ！」と心の中で思い、ぼーっと見ていました。

お不動さんはお坊さんのほう、つまり正面を向いていたのですが、いきなりくるっ‼　と私のほうに顔を向けました。ビクッ！　と体ごとビビります。日頃から悪いことはしていないつもりですが、なぜか心臓がバクバクします。

お不動さんの顔は大変怖いのですが仏様なので、話すと優しいです。

「お前の願いは何か？」と問いかけてくれました。そこで一生懸命、お話をしました。するとじーっと聞いた後に、

「では、このようにしてやろう」と具体的に願を叶えることを言ってくれて、ありがたさで胸がいっぱいになりました。あの場所でお不動さんに一生懸命話す人には、同じようにご加護を下さると思います。

うるうると感動していたら、「みんなで真言を唱えましょう」となって、その場にいた参拝客全員で真言を唱えました。真言は堂内に大きく書いてあります。

お不動さんの真言をいただきたい人はこのお寺に行って、お坊さんと一緒にお不動さんに向かって唱えて覚えるといいです。すでに持っている人も真言自体をパワーアップしてもらうといいと思います。

祈祷が済むと「お手綱(てづな)を触っても良いですよ」と、これまたありがたいお言葉を参拝客にかけてくれます。皆さん、ぞろぞろと須弥壇の近くに並ぶので私もそこに並んで、お不動さんと繋がっている五色の綱を触らせていただきました。

縁を結んでもらえるということでしたが、本当にここのお不動さんなら縁をもらいやすいと思います。惜しみなく不動明王のご加護を分け与えましょう、というお寺なのです。

祈祷の波動が高すぎて、また強すぎて、大本堂を出ると「ふぅ〜」と一気にリラックスしました。ここの護摩祈祷はすごかったです。終わったら大きなパワーをもらっていました。浄化されるとかじゃないです。パワーがもらえます。昔で言うと、合戦で戦う意欲というか、相手を打ち負かすぞ！　という気力、そういう「やったるでー！　俺は！」みたいなパワーです。元気がない、覇気がない、くじけそう……というようなエネルギー枯渇状態でも、気に充電されると思います。気魄充実ですね。えらい元気になります。

不動明王のご縁をいただきたいという人はこのお寺に行かれてみては？　と思います。


ちなみに、神田明神に行った後でここに来てもいいのでしょうか、と愚問と知りつつ聞いてみました（詳細は『神さまと繋がる神社仏閣めぐり』に書いています）。

「全然構わない」とのことで、だよねぇ〜、と思いました。

この大きなお不動さんがそんなせせこましい考えを持っているはずがないです。それは人間が考えた都市伝説だろうと思います。実際にここのお不動さんを見たり感じたりすると、そのような低俗な感情を持つはずがない、と誰もがおわかりになると思います。重ねて言いますが、お不動さんは慈悲深い仏様なのです。


私のようにビビりながら参拝しなくていいように、ちょっと書いておきます。

新勝寺の公式ホームページには、【お不動さまが鎮座する荘厳な空間、大本堂。どなたでも堂内にお上がりになれます】としっかり書かれていますし、御護摩札を受ける場合は申し込むように、と書かれています。授与所のお坊さんも「どうぞ」を2回も言ってくれましたから大丈夫です。
千葉県観光物産協会のホームページでも【成田山新勝寺大本堂では、決まった時間に御護摩祈祷が執り行われています。信仰の篤いみなさまのために、なんと無料で参加することができるのも特徴（御護摩札を受け取る場合は有料）。お寺ならではのトクベツな体験をぜひ！】とありました。信仰の篤いみなさまのために、というのがいいですね。ありがたいです。

　大本堂を出ると、「出世稲荷」という案内を見つけました。がしかし、せっかくお不動さんの力強いパワーをもらって気力充実していたので、上書きしたくない～、と思いました。で、あっさりパスしました。なので、ここのお稲荷さんの詳細はわかりません。

　目立ちませんが、釈迦堂にはお釈迦様もいらっしゃいました。こちらのお釈迦様にお願いをしてもいいと思います。

●筑波山神社　～神様が人間を思う気持ち

この神社は、男体山と女体山の山頂にそれぞれ本殿があり、ふもとに大きな拝殿があります。筑波山神社というと拝殿を指すことが多いようで、この本でもその呼び方に合わせたいと思います。

計画では男体山から登る予定でした。山頂からそのまま女体山山頂へ行き、そこから下山するつもりでした。

例によって下調べをしなくてたまたま予約したホテルが女体山の登山口だったので、これも何かのお導きだろうと女体山から登りました。結果から言うと、一方の山だけで下山したので、見所が多い女体山で良かったです。

女体山には名前がつけられた岩が多くあって、岩がアーチ状になっていてくぐることができる「弁慶の七戻り」、ものすごく大きな岩の上に登れて、さらにそこにお社も安置してある「高天原」という岩場が最初に出てきます。アトラクションっぽくて楽しめます。

中でも本当にパワスポだったのは「母の胎内くぐり」でした。

ここは巨石の〝下に〟隙間があって、小さなお社が置いてあります。上の岩があまりにも大きいため隙間に入るのが怖いです。

「う〜ん……ここはパスやね」とスルーしようとすると、

「おいおい」と呼ばれました。

「ちょっとここまで来なさい」

「えっ！？」

嫌です、と即座に思いました。頭上の岩が恐怖だし、足元は少しぬかるんでいるし、腰をかがめて入らなければいけない低さなのです。往生際悪く「…………」と考えていたら、「来なさい」と再度言われ、仕方なく入りました。

小さなお社のそばまで行って、2礼2拍手1礼という形式的な挨拶だけして（摂社末社

クラスだと思ったのです)、

「じゃ！」と、急いで出ようとすると、

「おいおい」とまたしても呼び止められました。

「祝詞をあげぬか」と、これは、「あららら？　そんな態度でいいの？」とちょっぴりからかうような、面白がっているような雰囲気でした。クスッと笑ったのも私は聞き逃しませんでした。

　実はここの手前にあった高天原のお社で私は祝詞をあげていたのです（しかも声に出して唱えました)。あのお社で祝詞を唱えておいてここではしない、というのはやはり失礼です。しまった〜、聞いていたのか……と思った私は言われるままに祝詞を唱えました。唱え終えて、

「ふぅ、終わった終わった、じゃ！」とくるっと向きを変えて出ようとしたら、今度は明らかに神様はクスクス笑っており、

「おいおい」と言います。

「せっかくだからソコを通り抜けて行くとよい」とお社の左側を示しました。

　ソコ？　と見たら、大きい岩と岩の間に、通り抜けられる隙間があります。上に岩、左右にも岩、という隙間です。そこをお社側から外に向かって通れと言うのです。一方の岩の下部が張り出しているので、手を使って乗り越えるようにしないと向こうへ行けません。

なぜ、そのようなところを通れと言うのかわかりませんでしたが、やってみました。

これが！　すごかったです！

岩をすり抜けて通った瞬間、ふわぁ〜っとした何とも言えない感覚が身を包みます。爽快感とは違う、何かが弾けるような感じです。体の中心にある固いギュッとなったつぼみが、一瞬でピンクの柔らかい大輪の花を咲かせる、といった不思議な感覚なのです。

「何だろう、この感覚！　神様、もう1回してみます！」

「何回でもしてみなさい」

「ハイッ！」

もう一度やってもやっぱり、ふわぁ〜っとなります。全身の細胞が一瞬で活性化する感じです。それは、元気になるとかパワーがつくとかではなくて、眠っていて回路が閉じている細胞がすべて動き出す、というそんな感覚です。

そこで気がつきました。ああ、これが胎内くぐりなのね、と。

ただ単に、登山道から岩の下にあるお社まで腰をかがめて行って、戻ってくることが胎内くぐりだと勘違いしていました。スルーしなくて良かったです。

ありがたいごりやくをいただきました。

筑波山は男体山と女体山から成っていることは先ほど書きました。神様は別々にいることになっています。私が登っていた山は女体山なので、神様を呼ぶ時に「女体山の神様～」と声をかけました。しかし、返事はありません。

ん？　と思って、今度は「筑波山の神様～」と呼ぶと出てきてくれました。雰囲気はちょっと若めです。神様によると、男体山と女体山にそれぞれ神がいるわけではなく、どちらも自分である、とのことでした。さらに、「さっき会うたであろう？」と愉快そうに笑うので、ああ、あの胎内くぐりのお社に来られたのは筑波山の神様だったのか、とここでわかりました。

広くこのあたり一帯を守っておられるようです。山岳系神様です。

女体山登山コースの岩の名前はツッコミどころ満載でした。無理やり名前をつけましたね？　というものもありました。「国割り石」の上に立ち、

「北斗岩」もくぐり、「大仏岩」や「裏面大黒」などを撮影しながら登りました。

山頂には本殿があるといっても祠サイズだろうと思っていたら、立派な社殿がありました。社務所もあります。

その社殿の裏側が山頂部分になっていて、そこは大きな岩だらけです。ここからの眺望が素晴らしく、地球規模の風が気持ち良く吹き渡っていました。ヤッホー！　と叫びたくなる、そんな景色でした（1人だったら確実に叫んでいたと思います）。

先端に近い場所でおじさんが写真を撮っていましたが、そのおじさんがいなくなったので私もそこまで行って座ってみました。これが……ものすごーく怖かったです。下界に吸い込まれそうで足がすくみます。

この山頂はパワスポなのですが、先端に近い場所は湧き上がってくる恐怖心が強烈で、慣れるまでは、怖い～怖い～、とそれ一色です。乗っている石がグラッとなったら（なりませんが）石と一緒に真っ逆さまに落ちてしまう～、と考えなくていいことまで考えてしまいます。

ここは昔、修行場だったそうです。それはさぞかし高度な修行になっただろうと思いました。落下するかも？　という恐怖に打ち勝つのは困難なように思います。

先端部分の岩に座り、しばらくして慣れてくると地上を見る余裕が出てきました。遥か彼方まで見渡せます。

地上は遠くて、何もかもがものすごく小さいです。畑があって、田んぼがあります。田んぼは上空から見るとただでさえ狭い面積なのに、さらに小さく区分けされています。そのそばには小さな小さな家が密集しています。人間はその家よりもっともっと小さくて……と考えました。

山頂の神様から見ると、人間は本当に小さい存在で、地面に張り付いて一生懸命生活しているんだな、と思いました。

あの小さな田んぼでお米を作って、それを食べて、嬉しいだの悲しいだの言って、泣いたり怒ったり笑ったり、あの小さな場所で生きているんだなぁ、しかも80年か90年しか生きられなくて、それが人間なのだな、としみじみ思いつつ地上を見ていました。

神様がいるところから見たらアリなどの虫よりも、もっともっと小さいのです。

人間について考察していたら、いつの間にかそばに神様が来ていました。そして親鳥がその手で、雛をふんわり温かく守るような、抱きしめるようなそんな優しい口調で言いました。

「だから慈しんでやりたい。守ってやりたいのだ」と。

願いもなるべく叶えてやりたい、のだそうです。

「この神の心がわかるか?」とも言われました。

山の上から見ると本当にすべてが小さいです。でも、小さいながらも人間は一生懸命、精一杯頑張って生きていて……、ああ、そうか、その存在は守ってやらねばと、神様なら心から思うだろうな、と思いました。

なんだかジーンと魂が感動して、しばらくそこから動けませんでした。

ここの山はロープウェイがあるので、山を登らなくても女体山の社殿に行けます。私がいた時に、50歳くらいの娘さんが80歳くらいの母親の手を引いて参拝していました。少々高齢でも大丈夫なようです（ロープウェイの駅からは15分程度歩きます）。

男体山も同じ神様だということなので、今回は女体山だけの参拝で下山し、筑波山神社のほうに行ってみました。

神社のある場所は山の南面中腹になるそうです。社殿にはものすごく大きな鈴がつけられていますが、紐がついていないので鳴らすことはできませんでした。

どっしりと構えた社殿で神様を呼ぶと、女体山で会った筑波山の神様が降りてこられますので、山頂まで行けない人はここでお話をするといいと思います。

境内はリュックを背負った高齢の人が多く、ハイキングに行く前なのか途中なのか、皆さんテンション高めで陽気でした。活気に満ちたいい「気」が流れていました。

拝殿の裏手には、「朝日稲荷神社」があります。「出世稲荷」とも呼ばれているようです。行ってみました。

「出世稲荷」と書かれた拝殿の渡殿（わたどの）をくぐって、石段を上ろうとすると、眷属の狐が何匹か参道から石段のところに出てこちらを観察していました。私を見ると、「来た来た」みたいな感じで、お稲荷さんに報告しにぴょんぴょんと走って行きました。

お社の前でご挨拶をして祝詞をあげていると、パーッとあたりが見えて、私の真ん前にはお稲荷さん（神様）がいて、お稲荷さんの右横に一の眷属、左横に二の眷属が座っています。そして私の後ろには、その他の眷属がずら～っと半円を描いて座っており、みんな静かに聞いてくれました。

ここのお社は正面、横、背面と素敵な彫刻がしてあって、お稲荷さんのお社にしては豪華です。松竹梅のデザインで、扉の上部には鳳凰が彫られていました。

なんだか高額そうなお社で、願を叶えても

らった人が奉納したのだろうと思いました。珍しいのでせっせと写真を撮っていたら、「珍しいか？」と聞かれました。

「珍しいです。こんなに豪華なお稲荷さんのお社は見たことがないです」と答えました。

どのような分野の願掛けが得意なのか聞いてみたところ、出世、という答えが返ってきました。詳しく聞くと官位が上がるとか、そういうのが得意だそうです。正六位が従五位になる、みたいな感じでしょうか（この例えは平安時代の官位です）。

それから、自分がしている仕事内容が大きくなる、重要なものになる、そういう規模が大きくなっていく、広がっていく、活躍の場が広がる、というものも得意なようでした。

このお稲荷さんは、古くは貴族や武士に信仰されていたようで、気位が高いです。貴族・武家専門みたいな話をしていたので、これに該当する人はご加護がもらいやすいと思います。

力はありますのでコンスタントにお参りすれば、願は叶いそうです。ただ、武家や貴族の血を引いていない方は、将来定期的に行けないお

それがあるのなら、最初から遠慮したほうがいい神様です。

●寶登山神社　〜奥宮よりも本殿のほうが高波動

山の上に奥宮がある神社は、奥宮に神様がいることが多く、拝殿で呼ぶと来てくれるシステムというところがほとんどです。奥宮のほうが神域度が高いです。

それがここ寶登山神社は逆で、下の神社の本殿に神様がいらっしゃいます。波動も下の神社のほうが高いです。

まず奥宮から行ってみました（ロープウェイを利用しました）。

お社に手を合わせ、まじまじと奥宮を見ると神様はそこにいません。奥宮にいないのはおかしいな、と思いましたが、何と言うか奥宮のお社がある場所が、神様がいるのにふさわしい場所ではないのです。なにかこうチグハグ感があります。

そこから山頂まで行って散策し（徒歩3〜5分くらいで

す）、今度は山道を15分程度下ってみたりして山を感じましたが、山岳系の神様ではありません。おかしいな？　と散々歩き回ってみましたがやっぱり違います。

眷属が犬ということですが、実は山頂にはすごく神々しい神使の鹿がいます（あちらの世界にいる神獣です）。

立派なツノを持っていて、誇り高く颯爽とした雰囲気で立っており、それだけでもすごい～、かっこいい～と見とれてしまうのですが、体からまばゆい光を放っています。格がすごく高いので光っているのです。

山道を下り、再び登っている時に山頂近くに見えました。「あ！　神様の鹿だ！　お話を～」と思った時には消えていました。

ここの神様は元々、この土地に古くからいたようです。氏神様の大型版と言うとわかりやすいかと思います。

ふもとの寳登山神社に行って鳥居を見上げた瞬間に、ああ、こちらにいらっしゃる、とわかりました。奥宮でも呼べば来てもらえますが、本殿のほうが断然繋がりやすいし、波動も強いです。

ご挨拶は奥宮で丁寧にしたので、とりあえず先にぐるっと境内を見て回りました。すると、右手のほうに赤い旗がずら～っと並んでいる場所がありました。

お稲荷さんなのね、ここでお稲荷さんはいいかな、とチラッと見るだけのつもりで目をやると……橋の向こう側に眷属が数体います。そこから私をじいいぃぃーっと見ているのです。目をそらさず見つめています。

こ、これは無視できない……と稲荷社へ行きました。「宝玉稲荷神社」と書いてありました。お堂の手前でご挨拶をします。祝詞を唱えると、驚くことに眷属全員が出てきて、さらにびっくりしたのは、その大勢の眷属が整列をして祝詞を聞くのです。〝整列をして〟です。

どういう状況かと言うと、私の真ん前の斜め上あたりにお稲荷さんの神様がいます。そのすぐ下にひな壇に並ぶようにして眷属が3列に並んでいます。上から眷属のサイズが大・中・小となっていて、大は数体ですが中はその倍、小はその3倍くらいでしょうか。上の大きいほうにいくにつれて格が高くなっています。

その全員がきっちり整列して背筋を伸ばし、姿勢正しく聞いているのです。統制がとれているし、礼儀正しいです。こんなにちゃんとしたところは初めてです。これには深い感銘を受けました。

ここのお稲荷さん（神様）は本当に伏見稲荷から来ています。大きくて力があります。眷属も伏見から連れてきています。

お稲荷さんの話によると、寶登山神社に行ったらたまたまお稲荷さんがあった、じゃちょっと寄っとく？　程度の信仰で参拝されることが多いそうです。ちゃんと参拝してほしい、と言っていました。

失せ物にごりやくありと書かれていて、実際はどうなのかそこをお聞きしてみました。

ここの眷属はみんなとても几帳面なのだそうです。たしかにあの整列した雰囲気からすると、全員が真面目なのだろうと思いました。その几帳面な眷属が〝一生懸命に〟探すから見つかる、とお稲荷さんは言っていました。きっちり探すのだそうです。

伏見から来ているお稲荷さんですから、願はいろいろと叶えられるそうです。商売繁盛なども得意だと言っていました。

真面目ですごくいいお稲荷さんなので、境内社ではもったいないと思いました。お稲荷さんの眷属が、下々までこんなに礼儀正しいのは珍しいです。人間側も礼を尽くして参拝すれば、終生大事に守ってくれる神様だと思います。

寳登山神社の本殿で神様にお話を聞くと、

「立派な稲荷がいたであろう?」と言っていました。

「はい。非常にもったいないですね」

「うむ」

力もあって、礼儀正しくきっちりしている、なんていうか、眷属も偉そうにしていない素晴らしいお稲荷さんです。脇に置かれる神様ではありませんでした。

本殿の裏にはヤマトタケルのお社がありました。その案内板を読んでいたら、

「それらしいことが書いてあるだろう？」と神様は楽しそうに笑っていました。親しみやすく、陽気で朗らかな神様なのです。

「それらしいって……事実じゃないんですか？」

「まあ、そういうことにしておこう」と、またしても明るく笑います。

神様が笑ってくれると、こちらもとっても嬉しくなります。ここの神様は人物に例えて言うと、空海さんが持つ雰囲気の大らかさ、楽しさがあります。

先ほども書きましたが、太古の昔からこの広い一帯を守ってきた神様です。奥宮は後から作られた、と言っていました。ですから、この神社は奥宮ではなくふもとの本殿のほうに長くいることをお勧めします。

●大谷寺（おおやじ）　〜濃い釈迦三尊像と弁天様

栃木県宇都宮市を大谷寺に向かって走っていると、突然大きな岩山が垂直に削り取られたような風景に出合います。岩山といっても山ではなく、かと言って岩がひとつだけというのでもなく、カーテンのように続いているのです（ああ、このイマイチな表現……さらに説明を難解にしているのでは……）。岩の上には木がたくさんはえていて、それが紅葉しておりとてもキレイでした。

ここのお寺はお堂が岩の下に建てられています。写真で見てもすごいなー、と思われるでしょうが、実物はもっとすごいです。岩のパワーが半端ないのです。お堂に入る前に写真を撮りながら岩の迫力を楽しみました。

このような形態のお寺は珍しく、〝岩の下〟という場所は岩が持つパワーをもらえるので、私

はこのお堂の中に結構長くいました。

お堂に入ると自動で音声説明が流れます。知らずに入って、不意打ちで音声が始まったのでビビリました。あまりに本気でビビったため、「ひっ」と情けない声が出て、体がビクッと身構えたほどです。心臓に悪いので、最初から身構えて入ることをお勧めします。

このお寺のご本尊は千手観音様で、岩肌に彫られています。

平安時代初期のものらしく最初は漆塗りで金箔も貼ってあったということです。空海さんが彫ったことになっているのだそうです。

観音様の胸のあたりの手は焼け焦げていました。火災で焼けたと音声案内が説明していました。にっこりと優しく微笑んでいましたが、ちょっと薄い仏様です。次々と参拝する人が入って来て出て行くなか、私は観音様の前に15分くらいじっと立って、お顔を拝見させてもらいました。

お堂の次の間は、ちょっと広い、細長い建物になっていて、そこには他の磨崖仏（岩に彫られた仏様のことです）があります。右から大きな釈迦三尊像、真ん中には小さな薬師三尊像があり、一番左側には大きな阿弥陀三尊像が彫られています。こちらも「ホー」と、ひたすらため息をついて見せてもらいました。

それから千手観音様のところへ戻ってお顔を眺め、また釈迦三尊像を眺めに行き、阿弥陀三尊像をそばで見て、またお釈迦様を見て、もう一回千手観音様を……というふうにそのあたりをウロウロと納得いくまで拝観していると、お釈迦様が上から静かに見下ろしていて、

「そこの小娘」と声をかけてきました。

え⁉ 識子さんって50過ぎてるのでは？ と思われた方、そうなんです。私も「あの～、私53歳なんですけど～」と、心の中で苦笑したのですが、仏様はこのように呼びかけてくることが多いです。何百年、何千年も存在している仏様からすると、たかが50年なのです。たとえ80歳だったとしても、小娘なのだろうと思います。

「そこの小娘、お前は仏が好きか」

「ハイ！ 大好きです！」

そう答えると、お釈迦様は手のひらから、私に向けて光を照射してくれました。何の光かはわかりません。何か良い作用があることは確実なのですが、してやった、ありがたく思え、などと仏様は言いませんのでわからずじまいです。私にしても、ありがたいことには違いなく、別にそれが何であるか知る必要もないので、お礼だけを言いました。

お釈迦様はウン、ウン、とにこやかにうなずいていました。

しつこく千手観音様のところへ行き、岩に彫られた磨崖仏と木の仏像とではどっちが入りやすいのでしょうか、と聞いてみました。するとお釈迦様が、

「どちらも同じである」と、答えてくれました。石だからどう、仏師が彫った像だからどう、ということはないそうです。

ここのお寺はお釈迦様が一番パワーが強いです。仏様がしっかり入っておられます。波動も強いです。千手観音様は空海さん作となっていますが、私には（個人的見解です）どうしてもそうは思えませんでした。空海さんが彫った、空海さんが開眼したのであれば、もっと濃ゅ〜〜〜く仏様が出てくると思います。どちらかと言うと、お釈迦様を空海さんが彫った、というのなら納得がいきます。

願掛けをするのであれば、くっきり入っているお釈迦様のほうだと思います。仏様が好きなんです、と言うと何かありがたい光線を当ててくれます。

千手観音様はニコニコとしていて大変穏やかな、優しい仏様です。癒しをもらうならこちらだと思います。

宝物館には縄文時代の人骨があって、たしか20歳くらいと書かれていたように記憶しています。この人骨には歯がとってもキレイな状態のまま残っていました。「すごい……」と変なところで感心しました。人間の歯って物質としてすごいな、と。

裏庭には小さい池があります。そこの赤い弁天堂には弁天様がちゃんといました。

自己紹介をして、本に書くかもしれませんので許可を下さい、とお話し、「本を読んだ読者の人が来たら、よろしくお願いします」ということも言いました。

「お前自身の願いはないのか?」

「私自身の願いがそれです」

「あっぱれである」

弁天様は人のために願うのは大変良いことである、と言っていました。

弁天堂のある小島から橋を渡って戻っていたら、黄色い葉っぱがハラリと前から来て顔に触れ、そのまま胸を伝って下へと落ちていきました。そのあたりに黄色い葉っぱの木がないのに、不思議です。

どこから来たのだろう、この葉っぱは? と思っていたら、

「加護である」と言われました。

お釈迦様も何か光線を当ててくれたし、このお寺の仏様はありがたいなー、と思いお礼を言うと、

「お前の、お前のための願いも聞いてやろう」と言ってくれました。

えっ、急に言われてもお願いすることが思い浮かばないんですけど……何にしようかな、う〜む、と考え、「では、若返りをお願いします」と言ってみました。

こういう願掛けは初めてです。容姿に関するお願い、それも美容に関するお願いはありなのかなと試しにしてみたのです。

「どれくらいか」

「10歳！　お願いします！（もちろん見た目の話です）」すると即座に帰ってきた答えが、

「それは欲張りすぎだ」です。

「………」

なんでかなぁ、女優とか余裕で10歳若く見え

るけどなぁ、とちょっと納得がいきません。

女優じゃなく、一般人でもそのような人はいっぱいいます。どうして私が10歳若くなりたいのは欲張りなんだろう？　とモヤモヤとした疑問が湧きます。

「欲張りすぎの願いは聞き届けられない」と、だめ押しの言葉までいただきました。

うわぁ、どういうこと～？　とショックでしたが、よくよく考えてみたら「どれくらいか？」と質問されているのです。つまり、答え方次第でオーケーだったわけです。

10歳！　などと、ビックリマークまでつけて、強欲丸出しで言わなければ叶えてもらえてたかもしれません。

し、しまった……。５歳……いや、謙虚に３歳程度にしておけば聞いてもらえてたかもしれない、と思いました。が、しかしですね、３歳くらいの若返りだと、差がわずか過ぎて変化が誰にもわからないと思います。53歳が50歳ですから。

20代30代ならまだしも、そんな自分でもわからない程度の若返りって……う～ん、やっぱいいや、どうせおばさんだしな、とすっぱり諦めがつきました。

というわけで、女性で行かれる方は10歳若くして下さいと言うと、欲張りであると断られますので、謙虚にお願いしてみてはいかがかと思います。厳しい弁天様ですが、力はあります。

このお寺の近くには平和観音という巨大な観音像があるらしいのですが、私は見に行きませんでした。ですので、そちらの像に関してはわからないです。

●川越大師喜多院　～元三大師に会えるお寺

じっくり参拝するつもりで向かったのですが、予定より少し遅れ、到着したのは15時直前でした。それでも2時間あるから十分十分、と思ってパーキングに入ると、

「16時で閉まりますからね～」と係の人に明るく言われました。

「え！」と固まって、そして気づきました。あ、そうか、ここは東日本だった、と。

閉門時間とか閉園時間は早くて17時、という感覚が私にはあります。西日本で育ち、福岡に住んでいた期間も長いからです。

関西と関東では、日の入りが20分以上違っていて、九州と関東では40分も違います。西日本で暮らしていると、冬は朝がいつまでも暗くてなかなか明るくならないと感じますが、日暮れは17時くらいからです。冬の関東を回っていて、「関東って暗くなるのがえらい早いなぁ」と思いました。

どこでも17時までは開いていると思い込んでいる私のせいなのですが、ガーンとショックを受けました。その分しっかり見ればいいから、と自分に言い聞かせ境内へと急ぎました。

わざわざどうしてそんな打ち明け話を書いているのかというと、境内の隅々まで見ていないの

はこのせいですよ、ということが言いたかったのです。
このお寺は由緒あるお寺ですし、元三大師を祀っています。それなのにメインしかレポートしていないのはなぜ？　あそこは？　ここは？　と疑問を持たれた方が、貴重な時間を割いて私に質問を書かなくて済むようにという配慮のつもりなのです。いや～、わかりにくい配慮ですね。過去の神社仏閣紹介で、時間がないという記述があるものも実はそうです。

境内に入って、さぁ、どこを見ようか、と案内マップを一番に確認しました。

えっと～、と見ていたら、「拝観しなさい」と聞こえます。
それはどこ？　とキョロキョロすると拝観案内板があって、奥の建物を見学できるようになっていました。詳細を見ると、家光公誕生の間とか春日局化粧の間とか書かれています。
別に見なくていいんだけど……、と思ったのですが「入れ」という磁力が強く、とりあえず建物の入口まで行きました。しかし、私は家光公にも春日局にも興味がありません。

時間が限られているしな〜、家光公がどんなお部屋で生まれたのか見なくていいよな〜、やっぱやめとこ、本堂にお参りしよ、とくるっと踵を返すと、「入って来い〜」と聞こえます。そこまで言われるのならきっと何かあるのだろうと思い、入りました。

順路はまず家光公誕生の間へと誘導しています。それがごく普通の小広間みたいな和室で、うわぁ、ここで出産するのって違和感ある〜、と思いました。ガラーンとしていてスカスカに広い和室なのです。冬の出産は凍えそうです。昔の身分が高かった人は大変だなと思いました。

その隣りは仏間になっており、ここはすごかったです。ごく普通の小広間みたいな和室で、そこに仏様がいらっしゃるのですが、仏様はお堂の中にいるべき仏像なのです。何とも贅沢な空間で、将軍家はこうやって信仰していたのだなと思いました。

畳の部屋のど真ん中で排泄する厠(かわや)があったり、春日局のお部屋があったりして、それら全部を見終わると1周したようでスタート地点の出入口に戻っていました。

「これで終わりなのね」と、私の前にいた3人組のおばちゃんはワイワイとしゃべりながらそのまま出て行きます。私もその後ろからついて行こうとすると、出入口の左手奥から「こっちだ」と呼ばれました。

言われるままにそちら側へ行ってみると、食器が展示されています。将軍家って全部の食器にいちいち葵の紋をつけるのだな、と見ていると、その向こうに渡殿があります。慈恵堂(じえどう)（本堂）

へと続いているのでした。

本堂も拝観コースに入っていると知らなかったので（というか、この時は慈恵堂が本堂ということを知りませんでした）、やった〜！　と嬉しかったのですが、すでに出てしまった3人のおばちゃんにも知らせてあげたい気持ちになりました。知らなければわからずにそのまま出てしまう人も多いのではないかと思います。

この慈恵堂が素晴らしかったです。

元三大師は慈恵大師とも呼ばれていますが、私は比叡山で最初にお会いした時に元三大師とお呼びしているので、私の本やブログではこちらの呼び方で統一しています。

拝観コースで入れるところは、その元三大師像がすぐ目の前なのです。

後から慈恵堂の正面から参拝してみると、金網とガラスの仕切りがあって隔てられていたし、距離もあったため元三大師像はちょっと遠かったです。しかし、拝観をすると真ん前の特等席でお参りができるのです。もらえる波動が違います。元三大師像を見に来たというのではなく、元三大師に〝会いに来た〟という感覚でした。

ああ、そうそうこの波動！　と比叡山の元三大師の御廟を思い出しました。すごく気持ちがいいオーラなのです。最澄さんと雰囲気がよく似ています。ニコニコと優しいのです。

「よう来たよう来た」と手放しで喜んでくれました。生前はとても厳しい人だったようですが、仏様になっている今はほんわかと穏やかな性質になられています。

最澄さんと同じ系統で、僧侶だけでなく、見えない世界の研究をする人、もっと知りたいもっと頑張りたいという人、霊格を上げようと努力している人には惜しみなく与える、バックアップする、ということに力を入れています。

さらに人の体から悪いものを出すパワーを持っておられるので、病を癒す力をお持ちです。

「ここで参拝者の体を治したりとかされているのですか？」とお聞きしたところ、

「他の願いも叶うぞ」と言っていました。なぜなら、ここには強いお不動さんがいるから、とのことでした。

隣りにはその強いお不動さんがいましたし、天蓋も立派で美しく見とれてしまいます。

ああ、来てよかった、会えてよかった、拝観してよかったと感謝しました。皆様もせっかくですから、おそばで波動をいただくといいです。元三大師の優しさがよくわかると思います。

慈眼堂

このお寺には、仙波東照宮があります。

公式サイトによると【駿府城で徳川家康が亡くなると一旦久能山に葬りましたが、元和３年（１６１７）日光山に改葬の途中、３月23日から26日までの４日間、遺骸を喜多院に留めて天海僧正が導師となり大法要を営みました。そのことから境内に東照宮が祀られ、寛永10年（１６３３）には立派な社殿が造営されました】とのことです。

見に行きました。

この時はまだ日光に行っていなかったので、家康さん関係の社殿に参拝するのは初めてでした。

遺体をたった４日間置いていただけで（大がかりな法要も営まれていますが）それだけで社殿が建つ、というのはすごいとしか言いようがなく、それが家康さんなのだと思いました。

ふむふむと詳細に見学していて、ふと時計を見ると、あと10分で閉門という時間です。もちろん駐車場のゲートも閉じます。

慌てて仙波東照宮を出ました。

駐車場へと戻る途中に、慈眼堂があります。ここは家康さんと親しかった天海僧正（慈眼大師）を祀るお堂で、石段を登った上に建てられています。

仙波東照宮に行く途中で写真だけは撮影しておいたのですが、優先順位から言うと東照宮が先なので、お参りは後でするつもりでした。

この天海僧正にはとても興味があって、お話を聞きたい！　とは思ったのですが、駐車場のゲートが閉じて明日の朝まで出られませんよ、となったら泣くに泣けません。天海僧正のことが心残りでチラリと上を見上げると、僧

侶が1人立っていました（あちらの世界の僧侶です）。

赤い五条袈裟をつけていて、何か言いたそうな表情で私を見下ろしていました。その時は天海さんだと思ったのですが、ちょっとわからないです。

というのは、喜多院の公式サイトを見ると、この時見えた僧侶と同じ赤い五条袈裟をつけたお坊さんがたくさん写っているのです。天海さんの像もサイトには載っていて、その像の天海さんは赤い法衣を着ています。私が見た僧侶は赤い法衣ではありませんでした。

仏様になっているのであればきらびやかな服装はしないと思うので、天海さんの可能性は高いのですが話をしていないので正確なことはわかりません。それが少し残念です。

川越大師って、派手なんだろうなぁ、都会だもんね、と行くまでは思っていました（川崎大師と混同していた部分があります）。ガヤガヤとにぎわっている境内を予想していました。

実際に行ってみると、境内はお店などもあって雰囲気は明るかったのですが、人はそう多くなくて落ち着いたお寺でした。

元三大師は大きな力を持っているのに派手でも偉そうでもなく、控えめで謙虚なお方です。最澄さんの位置よりも前には決して出ません。素晴らしい仏様です。

こちらはお不動さんもいるお寺ですから、元三大師が言うように強いお不動さんにお願いをしてもいいと思います。

第四章　東京都内の神社

●根津神社　～意外なお稲荷さん

ここは境内が神様の懐(ふところ)、という神社です。私が行ったのは平日のお昼少し前でした。

保育園児（幼稚園児かもしれません）が保母さんと一緒にお散歩をしていました。子どもたちはとても楽しそうでしたし、1人でくつろいでいた人も、ボーッとしている人も、ご夫婦で歩いていた人も、パンをかじっていた人も、みんなリラックスして神域をエンジョイしていました。いい神社だなと思いました。

まず社殿にてご挨拶をしました。一生懸命に自己紹介をしていると声が聞こえました。

「言わずともよい、知っている」

えっ？　それはどういうことなのか……と思っていると、

「出雲で会うている」と言われました。ここの神様は出雲大社の神在祭に行かれているのです。

ああ、よかった、神在祭で自己アピールしといて、と思いました。こまごましたことをわかってくれていると話が早いです。

「本に書くべきこと、日本全国の人に知らせたいことがありましたら、教えて下さい」とお願いすると、

「まあ、回ってきてみなさい」と大らかな雰囲気で言われました。


西門から出て、最初に乙女稲荷へ行きました。コンパクトな赤い鳥居が何本も並んでいて、伏見稲荷の千本鳥居ミニ版といった風情です。美しいです。

小規模だけど雰囲気あるな～、と乙女稲荷の前に行くと、2人の女性が願掛けの最中でその後ろにカップルが順番待ちしていました。時間がかかりそうだったので、先に駒込稲荷のほうへと行きました。

駒込稲荷は乙女稲荷のすぐ向こうにあり、こちらのほうは古いしっかりした神様です。そばまで行くと、乙女稲荷との神格の違いがわかります。駒込稲荷は歴史もあるようで、眷属もたくさんいました。格が高いです。

とりあえずご挨拶だけして、乙女稲荷のほうを先に見てこなければ、と戻りました。

2つのお稲荷さんの間には「塞（さえ）の大神（おおかみ）」の石碑とか、庚申塔などがあり、そのあたりだけ江戸時代、明治時代、という不思議な空間になっています。

庚申塔は庚申信仰をしていた人のシンボルです。

人間の体内には三尸（さんし）という虫がいて、庚申の日（60日ごとに回ってきます）の夜、その人間が寝ている間に虫がこっそりと体を抜けて、天帝にその人の悪事を報告しに行くことになっています。それをさせないために庚申の日は眠らない、というのが庚申信仰で、中国から来たらしいです。

庚申塔の石仏はお世辞にも上手とは言えないもので、これを拝むとは……日本人って信心深い民族なのだなとしみじみ思いました。そう感じさせる何かがその塔には残っていました。

乙女稲荷に戻ると先ほどの女性2人もカップルもいなくなっていました。

では、ゆっくり……と手を合わせてみると、非常に卑屈な感じが漂っています。あれ？　となんだか妙な違和感もあります。

神様がこんな「気」を出しているのはどうして？　何だろう？　この何かが違うという感じは？　と思い、

「すみません。ちょっとだけ見せて下さい」とお断りしてから、お社の奥まで行って覗いてみました。

すると、お社の奥はほら穴になっています。ご神体はこのほら穴の奥に安置されているのでしょうか。何とも変わったお稲荷さんだなと思いました。

そこでいろいろと問いかけてみましたが、お稲荷さんも眷属も黙っていて何も答えてくれません。すごく遠慮している気配があって、眷属クラスで祀られたお稲荷さんかもしれない、あ、もしかして駒込稲荷の眷属だったとか？　と思いながらもう一回駒込稲荷に行きました。

やはり神格の差が一目でわかります。

駒込稲荷のほうは清涼な凛とした雰囲気で、その雰囲気を表現すると、竹竿を空に向けて立てたような空に向かってシュッとした高いイメージです。

乙女稲荷のほうは真ん丸のものが地面にあるというイメージです。性質から言えば、乙女稲荷のほうが丸いです。こんなに近くに別の稲荷神社が2つあるということは、関連したお稲荷さんなのかなと思いました。

格の違い、姿勢の違い（駒込稲荷は堂々としていて、乙女稲荷はちょっと卑屈です）からみて、乙女稲荷は駒込稲荷の眷属が神様に格上げされたのだろう、とそう思いました。だから遠慮があるに違いない、と。

「こんなに近くに2つお稲荷さんがあるのは珍しいですね、どうして2つあるのですか?」と駒込のお稲荷さんにお聞きすると、

「2つの違いがわかるか?」と聞かれました。

この質問は格の違いとかそういうことを聞いているのではなく、具体的な違いを言っています。う〜ん、と考えていたら、

「わからぬか?」と言われました。

格が違う、姿勢が違うくらいしかわかりませんと答えると、駒込のお稲荷さんは驚くことをさらっと言いました。乙女稲荷のほうは「狸」だと言うのです。

えぇーっ! マジでっ? そんなお稲荷さんってアリなん? とびっくりです。あ、いや「狸」の時点で正確にはお稲荷さんではありませんが。

乙女稲荷のお社に急いで戻り、本当なのか? と正面からじぃぃーっと根性を入れて見ていたら、しぶし

ぶ姿を現してくれました。本当に狸なのです！　見た目はアライグマみたいな感じです。ちょっと可愛いです。

向こうも負けじと私をじぃぃーっと見ています。

神さん（神様、というほど神格が高くないのでこう呼びます）が狸なら狛狐ももしかして？　とこちらもよーく見たら入っていたのは狸でした。

「えーっ！　さっきほら穴を覗いた時にチラッと見たら、狐の姿をしていましたよね？　あ、狐に化けてたってことですか⁉」と、もう驚きの連続です。

何で狐に化ける必要があるねん……と思いましたが、「稲荷」なので、狸と知られたくないのかもしれません。

狸の神さんに向かって、

「本に書いてもいいですか？」と聞くと、くるっと背を向けて奥へと消えて行きました。嫌なのかな？　と思いましたが、

「正直に狸の神さんとして信仰を集めたほうがいいじゃないですか～、書きますよ～」と叫ぶと、返事はしてくれませんでしたが、

「ンモー、ええよ、それで」みたいな意思を送ってくれました。

どうしてそこまで卑屈なのかわかりません。私は狸の神さんも好きだけどなぁと思いました。

ここの狸の神さんは、狐のお稲荷さんほどシャープじゃないので、願を叶える力は少し弱いように思います。しかし、おっとりとした優しい性質なので、緊張する必要がなくリラックスして参拝ができます。

再び社殿に戻って、神様に、

「見てきました！　珍しいですね」と報告しました。

「狐のほうが位が高いから、狸は気を使って小さくなっていただろう？」

「そんな感じでした～」

神様はにこやかに頷いていました。

ここの神様はどっしりと落ち着いた神様です。その懐にいろんな人やもの、お稲荷さんも狸の神さんも全部入れてくれる、そんな神様です。安心して寄りかかれるという感じです。

「夢に向かって努力はしておるのか？」

これは出雲大社で自己紹介をした時のことを言っています。

「頑張っています！」

「うむうむ、そうかそうか」と、神様は笑顔が満開という感じで、応援している、と言ってくれました。そして、

「神も修行をしておるからの」と付け加えていました。

神様だからといって、ダラダラとラクしているわけではなく、神格向上のために修行をしているのだそうです。

へぇぇー！　とその場では驚きましたが思い当たることがあったりして、言われてみればそれも納得です。

この神社は神様の「気」に包まれた境内が心地いいです。

そして狸の神さんも私は好きです。頑張ってほしいと思います。

●靖国神社　～英霊を救えるのは人間だけ

靖国神社に参拝するのはこれが2回目です。1回目は前世の親友との約束を果たしに行きました。このお話はずいぶん前にブログに書いたのですが、ご存知ない方のためにちょっとだけ説明をします。

私の一つ前の前世は特攻隊員です。昭和20年に出撃して死んでいます。実は名前もわかっているのですが、ご遺族の方のことを思うと迂闊には公表出来ないので、名前や本人が特定出来る情報は控えさせてもらって書きます。

時々、この人生での記憶が鮮やかに甦ります。上空から見下ろした景色とか、飛行場の隅っこの雑草の様子とか、飛び立つ時の青空とか。

死ぬ直前の記憶もありますが、私の場合は世間で言われているほど悲惨な感じではないです。敵艦の少し手前で銃撃戦になり、私の飛行機は被弾してしまいました。ガクン、と機体が何メートルか落下し、それから少しずつ降下し始めます。

「あ！　やられた！」と思うと同時に、私は操縦桿を握って機体を立て直そうとしました。機体に「頑張れ！　頑張れ！」と励ましの声をかけつつ操縦桿を引くと、再び上昇を始めました。

「やった！」と思った瞬間で記憶は途切れています。ここで撃墜されたのだと思います。一瞬のことで即死だったのではないかと思っています。

世間で言われるような、悲惨な感じで「お母さん」と言いつつ敵艦に突っ込んでいないので、魂のトラウマにはなっていないみたいです。

この時の影響か今でも飛行機が大好きで、飛行機に乗って空の上にいるという状態がすごく好きです。

隊員の中に友だちは何人かいたのでしょうが、覚えていません。ただ、写真を見て（知覧特攻平和会館でです）強くひかれた人が1名いました。多分、彼が親友だったのだと思います。

その後、この件はすっかり忘れていました。

知覧特攻平和会館に行ってから、ずいぶんたったある日のことです。とある神社に参拝して帰っている途中で、急に特攻隊員の時の記憶が甦りました。親友の彼が懐かしく思えます。「彼は今、どうしてるかなぁ、生まれ変わってるかな」と思った瞬間、彼がまだ特攻服姿でうずくまっているのが見えました。えっ！　まだ成仏してないの？　と、思うと同時に鮮明に思い出したことがあります。

「靖国で会おう！」と私たちは約束していたのです。

彼が今も靖国神社で当時のまま、膝をかかえて待っているのが見えました。涙が止まりませんでした。私が行かなければ彼はこのまま律儀にずっと待ち続け、成仏しないのでしょう。これは何が何でも近いうちに行かなければ、と決心して出かけて行ったのでした。

靖国神社の参道を歩きつつ、私は死んだ直後にここに来た、ということを思い出しました。ただ、私は死んですぐに成仏したため、彼に声をかけても気づいてもらえなかったのでした。

成仏した私は上にいて、彼と同じ位置には立てません。必死で上から呼びかけましたが、視線がこちらに向くことはなく、気づいてもらえませんでした。

そこで、「ああ、これはもう、生まれ変わって約束を果たすしかない」と思いました。

靖国神社の社殿に向かって手を合わせてみると、他の神社にいるような神様はいません。とりあえず、境内のベンチに腰を下ろして親友を呼んでみました。

私は幽霊とは波長を合わさない、と決めているため、彼がそばにいるんだかいないんだか、サッパリわかりませんでした。でも、彼がそばに来てくれていると想定して話を始めました。とにかく約束に遅れたことを謝りました。事情を説明し誠心誠意謝りましたが、彼の気配も何もわかりません。

波長を合わさないと決めたことで、幽霊に悩まされることは一切なくなりましたがこういう時は不便です。しばらくベンチに座って話をしましたが、まったく感じることが出来ないので、仕方なく立ち上がり遊就館（資料館）へ行きました。

遊就館では、まずビデオを見ました。

映像の中で、特攻隊員の生き残りの人が「みんな、靖国で会おう！　と言って死んでいった」と証言し、それを聞くと止めどなく涙が溢れました。

私は少年飛行兵でした。死ぬことは怖いことではなく（夜中に怖がって泣いている子も１人いましたが）、死後、平和なあの世でみんなと再会しよう！　という感覚でした。

「靖国で会おう」というのは、生死をともにした友人との最後の大切な約束です。そろそろ成仏しなければいけないとわかっていてもそれを踏みとどまり、律儀に待っている人がここにどれだけいるのだろうと思いました。その純粋さが切なくて泣けました。

その後、ざっと展示品を軽く見て、トイレに入りました。手を洗って化粧直しをしていたら、突然、目の前の鏡に親友が見えました。

私のアダ名を言って、「Aが化粧してる！」と、ゲラゲラ笑うのです。

「だからさっき言うたやん、今世は女やって～」と言うと、親友は本当におかしそうにお腹を抱えて笑ってました。

遊就館を出て、交信出来るようになった親友と会話をしつつ、敷地の奥の方へ歩いて行ってみました。すると、行き止まりになってるように見えます。あちこちの神社を巡り歩いてますが、たまに神社の背面は通れないところがあります。

「あれ？　行き止まり？　この先は行けへんのかな？」と言うと、明るく張り切った子どものような声で「行けるよっ！」と彼が言うのです。内心、本当？　行き止まりに見えるんだけど……と思いつつ歩くと、ちゃんと回り込めました。

「ホンマやね！　さすが長いことここにおるだけあるやん」と冗談めかして言うと、彼はまた少年の無邪気さ全開でコロコロと笑っていました。

約束に遅れてごめん、本当にごめん、と謝ると、「来てくれて嬉しかった。ありがとう」と言

います。成仏の仕方がわかっているのか聞くと、わかってる、と言いました。もうすぐお盆だから、家に帰れるね、と話しました。

彼のそばに何人か知り合いがいるようでしたが、彼以外はわかりません。

「他に靖国で会おう、と私が約束した人がいたら、B（親友のアダ名）から伝えてくれる？　私にはB以外まったく思い出せないし、今も全然見えないから」と言うと、わかった、と言ってくれました。

参道の前に来たので、改めて謝り、そしてお礼を言いました。

彼が弾けるような輝いた笑顔で、敬礼してくれました。何回も「ありがとう」と言っていました。彼の後ろに何人かいるようで、みんながワイワイと送ってくれました。

こうして前世での約束をやっと果たし、今世のやるべきリストの中の一つを完了した……という、このような出来事があったのです。

今回、関東を巡るにあたって靖国神社が気になりました。

私の親友は待っていた友だち（私ですね）が来たことによって成仏していきましたが、他の人はどうしているのだろう？　と思ったのです。友だちをひたすら待っているのか、それとも約束などは関係なく、お国のために死んだのでずっと神社にとどまっているのか……。

それを知るために、ふたたび靖国神社に行ってみました。

前回は何も考えずにそのまま行って、コンタクトするのに苦労をしましたから、今回は幽霊がわかるように波動・波長を幽霊専用に整えて行きました。

駐車場に車を停めて参道を少し歩きます。この時は特に何を感じるということもなく、普通に歩きました。イチョウがキレイだな、と思いながら。

そして靖国神社の神門を一歩入ったら、もうびっしり！　なのです。英霊の数がすごいのです。羽織袴の人もいれば（少ないですが）、軍服を着た人もいます。特攻隊の格好をした人もいるし、いろんな時代のいろんな人がいます。みんなその時の自分を表現する服、アピールする服を着て

います。

この時初めて、靖国神社って幕末の人とかもいるんだ〜、と知りました。A級戦犯がどうのとか、政治家の参拝がどうのとか、そういうニュースの印象が強いので、感覚的に第二次世界大戦で命を落とした人を祀る神社、みたいな気になっていました。

その英霊が空間にみっちりいて、押される感じがします。例えて言えば、エレベーターの中にみちみちぎゅうぎゅう詰め状態、満員電車で身動きできないくらいのぎゅうぎゅうさ、常に押されているような感じです。

そしてここにいるほとんど全員が成仏していません。

こんなにたくさんいたとは……と、驚きました。


拝殿で手を合わせ、遊就館へと行きます。遊就館には零戦とか遺品とか遺影などそういうものが展示されているので、ここにもたくさんいます。集まりやすいのです。

というか拝殿だの本殿だののいいとこの建物は、軍の上層部とか身分が上の人の場所、となっていて、ほとんどの人は境内かこの遊就館にいます。

身分制度がまだ残っていた時代や、軍隊で大将とか大尉などの士官と兵卒という階級が厳しかった時代の人々です。亡くなってもまだ律儀にその上下関係に従っているのでした。

遊就館にある遺影はものすごい数です。でもそれは全員分じゃないのです。幕末、日清・日露戦争、第二次世界大戦、一体どれだけの人がこの国のために命を捧げたのか……そのようなことを考えられる場所です。日常生活ではそこに思いが至りません。

この遊就館を見学したら、戦争はあってはならないものだと強く思います。

そして、英霊となった人々が平和を作ってくれたことに感謝をしなければいけないという気持ちにもなります。

日本人だったら英霊に敬意を払うべきであり、国の礎になった人は大事にすべきである、と私はそう思います。

親友だった彼はもうどこにもいませんでした。私が訪れたあの日に成仏したようです。

余談ですが、この日も神社の裏側を通って正面に行こうとしたら、なんと通行止めになっていました。教えてくれる人がいないとこうなるか〜、となんだかおかしくて、あの日の親友との会話を思い出してちょっとほっこりした気分になりました。

靖国神社に成仏していない人が多いのはどうしてなのかというと、自分の最期、自分が成したことにものすごく誇りを持っているからです。お国のために命を捧げた、というその部分にプライドがあります。

加えて、靖国神社に来たからには英霊として日本を守らねば！　という気負いもあります。これは日本男児としての責任感からくるものです。

それらの念がとっても強いです。それがおもりとなって引っ張っている部分があります。

ですから言い方を変えれば、自分から成仏していないと言えます。そこにこだわるあまりに。

だとすると、説得をすれば成仏していくのではないか？　と思った私は、自分の周囲にいた人に向けて、ちょっと声をかけてみました。

「そろそろ成仏をしてもいいのではありませんか？　見ての通り日本はこんなに平和です。昔に比べ、みんなが自由で幸せに暮らしています。それは皆様が命を投げ出して守って下さったおかげです。ですから、ここにいて日本を守らなければ、とお思いにならなくても、もう大丈夫なのですよ。そして日本という国にこの神社がある限り、皆様のことは決して忘れることはありません。ずっと語り継がれていきますよ」

そのような内容のことを丁寧に言うと、泣いている人がたくさんいました。それもものすごーーーく泣くのです。男泣きに泣く、というか号泣です。

その時点で数名の人が目の前で成仏して行きました。やはり自力で成仏できるのです。

遊就館を出てから、境内でも説得してみました。

同じように、国のために戦ってくれた感謝を述べ、もうここで日本を守る必要がないことを告げ、未来永劫忘れたりしないだろうことを言いました。

私も特攻隊で死んだけど、誇りに固執しなかったので生まれ変わった、いろいろと新しい経験をして楽しい、色づいたイチョウをキレイだと思うし、青い空を気持ちいいなぁと思う、皆様ももう1回この体験をされてもいいのでは？　と言ってみました。

するとまた、周囲でおんおん泣く人が多くいました。そしてその後、集団で「自力で」成仏して行きました。できないのではなく、自らの意思でしていないのでした。

やはり、自分たちは国のために死んだという「思い」で、ここにいるようです。

ですから、この神社を訪れる方は、小声でいいので（他の人が聞き取れないくらいの小さな声で十分です）説得してあげるといいと思います。ボソボソ言っても大丈夫です、ひそひそ言ってもオーケーです、声に出しさえすれば届きます。心の中で念じるのであれば、ちょっと難しいですが強く強く念じます。

黙っていたら届きません。思うだけでは届かないのです。この方々は心の中まで見るというその力を持っていないからです。

遊就館で遺書を見て泣いている参拝者の人がいました。その時に、国のために尊い命をありがとう、とひとこと言えば、それで成仏していく人もいると思います。

直接声をかけて感謝を伝え、事情をわかってあげれば救われる人が多くいるのです。ああ、もうこれでいい、報われた、成仏してもいいかな、と執着を捨てられる人がいるのです。

親兄弟とかご先祖様など、本人にとって身近な人があちらの世界から助けようとしているのですが、波動の関係で救いの手がどうしても届きません。前世の私が死後、声をかけに行った時と同じです。何をどうやっても気づいてもらえないのです。

成仏していない人に声が届くのは、唯一、人間の声のみです。

ここにいる人々は恨みつらみでこの状態にいるのではなく、責任感とか誇りとか国を守ろうとするその気持ちなど純粋な思いですので、このままにしておくのは気の毒です。行かれる方は何名かでも成仏を促して差し上げるといいと思います。

２４６万６５８４柱という途方もない数字の人々が祀られ、半分以上は成仏しているとしても、まだ30～40万人はいるのではないかと思います。

遊就館では、私は展示物をじっくり見ることなく、結構足早にスタスタ歩きました。というのは、しっかり見てしまうとつらいからです。そのように歩いていると、「ちょっとこちらへ」と引っ張る人がいました。

あれれれれ、という感じでそのコーナーに連れて行かれ、真ん前にある展示物を見たら……阿南（あなみ）さんとかいう人の遺書の複製でした。血まみれです。

その阿南さんがそこにいました。そして言います。

「自分は間違っていなかった」と。

「うわぁ、ごめんなさい、悪いけど不勉強で戦時中のことはよく知らないのです」と言いましたが、もっと正直に言えば、阿南さんも知りません。

割腹自殺をされたようで、自殺のパニックからまだ解放されていないようでした。ですので、落ち着いて理路整然と何が間違っていなかったのか、が説明できないのです。自分は間違っていなかった、を繰り返し言われます。

阿南さんはとても苦しそうでした。パニックが続いているので、死んだ時の状態が継続しているのだと思います。

自殺をした場合、なんらかの力が働いてその後しばらくはその場所から動けません。囚われてしまうのです。しかし、ある程度の年月が経てば動けるようになるみたいです。

何とかしてあげたくて必死で慰めはするのですが、事情がさっぱりわかりませんので、どうしてもうわべだけの慰めになってしまいます。一生懸命、わからないなりに慰めていると阿南さんは泣いていました。

この方の場合、何が間違っていなかったのか、をわかってあげなければいけないようです。そこにものすごくこだわっているからです。

帰宅して私なりにざっと調べてみました。多分、天皇陛下と反対意見の戦争継続を主張したことを言っているのだと思うのですが、それが間違っていなかった、という意見に同意する根拠が私には言えません。難しいのです。当時の状況とか、人間関係とか、諸々のことが複雑で……。

政治のことはよくわからないので、この方が良い陸軍大臣だったのかどうかはわかりません。ですが、もし良くなかったとしても70年も苦しみ続けているので、もう十分なように思います。

戦時中の政治とか軍のことに詳しい方がおられましたら、ついでに関東にお住まいでしたら、その方にしか阿南さんは救えません。いつか靖国神社に行ってあげてほしいと思います。

たしかにあなたは間違っていませんでした、と理由もつけてキッパリ言ってあげると、パニックから抜けられるのではないかと思います。心が落ち着くからです。自殺をしているのですぐに成仏は難しいかもしれませんが、落ち着けば徐々に歩んで行くことができるようになります。

この神社の参拝は男の人率が高かったです。スーツを着た男性も多く、年配の人がたくさんいました。皆さん、敬意を払って参拝されているようにお見受けしました。

英霊を敬うそのお気持ちを、どうぞ声にしてご本人たちに届けてあげて下さいとご提案したいです。それだけであちらの世界へ帰って行ける人もいるのです。

純粋に国を思うがゆえにとどまっている人を1人でもあちらの世界に帰してあげられたら、それは素晴らしいことなのではないかと、私はそう思います。

●神戸岩(かのといわ)付近　~ダブルパワーが珍しい今熊神社

ここはまず神戸岩の駐車場のことから書きたいと思います。

トンネルの〝向こう〟にパーキングがあるというネット情報がありますが、実際に行ってみたら迂回場所となっていて駐車禁止でした。

トンネルの横に停められないこともないのですが、そこは明らかに駐車スペースではありません。ですので、トンネル〝手前〟の公衆トイレがある駐車場に停めて、そこから3分くらい歩き

ます。

ちなみにこのトンネル、ネットでは心霊スポットと書かれているものがあったりしますが、たしかにちょっと怖いです。異次元に繋がっているような不気味さがありました。もっとも歩いて内部に入ったわけではありませんから、確認はしてないです。もしかしたら違う種類の「魔」かもしれません。

ここは入らないほうがいいと思います。車で通過しても気味が悪く、歩いて通るのは絶対に無理だと思いました。

え〜、怖い〜、じゃあその神戸岩には行かないほうがいいの？　と思われるかもしれませんが、不気味なのはトンネル〝内部〟です。ですから、入らなければ大丈夫です。車を手前の駐車場に停めればトンネルに近づくことはありません。

神戸岩は東京都西多摩郡檜原(ひのはら)村にある峡谷です。ざっくり言えば高い岩に囲まれた水場で、とっても爽やかな場所でした。

岩には神様が宿れるというくらいのパワーがあ

り、それが囲む小川となっています。水も美しくてキレイでした。この水は浄化をしてくれます。神様の波動をまとった水とは違っていて、こちらは言ってみれば自然の浄化です。温泉みたいな波動ですね。

岩のパワーを浴びに、自然水でクリアになりに、ちょっとした気分転換にお勧めの場所です。私は流れに手を浸したり顔に塗ったりしました。夏だったら足も浸していたと思います。ハシゴのところに立つと霧状のしぶきが当たってそれも心地良かったです。

そこでふと「この自然の浄化力は持ち帰りできるのだろうか?」と思いました。

神仏の波動が入った滝の水はその効力を持ち帰りできます（多少は弱まりますが）。自然の力はどうなのだろう? と、ちょうど空になったペットボトルがあったので、いっぱいに水を汲んでみました。これをホテルの浴室で頭からバシャーッとかぶってみましたが、ただの水になっていました。簡易滝行にもなりませんし、浄化力もありませんでした。

クリアな状態は現地のみです。水が生きている状態でしかダメなようです。

この神戸岩に行く途中に「春日神社」という小さな神社が右手にあります。どんな神社かな？　とちょっとお邪魔してみたのですが、ここは地元の人を守る神社でした。行楽客がふらっと立ち寄って手を合わせる神社ではありません。

参拝はご遠慮したほうがいいと思います。

神戸岩から車で15分の「払沢（ほっさわ）の滝」にも寄りました。勢いのある滝で、見た目も美しいのですが、夕方は良くない滝です。

私が行ったのは15時を少し回ったくらいの、そんなに遅い時間ではなかったのですが、手を水に浸すことはしませんでした。見物だけして帰りました。水に触るのなら14時くらいまでかなと思います。

ただ滝としては見応えがあります。時間さえ気をつければ素敵な景色ですので、太陽がサンサンと照っている時に見物することをお勧めします。

払沢の滝からさらに30分ほど走ると、「今熊神社」というこじんまりした神社があります。ここに、驚くほど素敵な神様がいました。

この神社を知ったのは計画を立てた時でした。

自分が走るルートをパソコンの地図で確認していたら、マウスのくるくるするところがぐりっと動いて「今熊神社」の文字がど真ん中に表示されました。可愛い名前の神社だな、と検索してみると、熊野本宮大社を勧請している、と書かれていました。

おぉ〜、これは東京で熊野の神様の親戚というか弟子というか関係する神様、もしくは格が高い熊野本宮の眷属に会えるんじゃない？　と思って行ったのでした。

この神社は今熊山という標高５０５メートルの山頂に小さな本殿があって、登山口にある社殿は遥拝殿らしいです。

16時を過ぎて到着したので、急いで遥拝殿へ行きました。

手を合わせようとすると社殿内におじさんがいます。普通の服を着たおじさんで、このおじさんは特別に中に入ってもいい人なのかな、と思っていたら、神前で礼をし、幣で祓って祝詞をあげ始めました。神職さんなのでした。ラフな感じですが、夕方のお勤めを見学できてラッキーでした。

ここの社殿は立派なのだけれどコンパクトで可愛い感じがします。

横にはお稲荷さんがあって、そちらのほうはプレハブ小屋になっていました。

なんだかすっごく違和感があるんですけど～、と中を覗かせてもらったら、中にはちゃんとキレイなお社がありました。狐像なども数多く置いてあり、メインの神様にしているようにこちらにも御簾が掲げられていました。

大事にお祀りされているこのお稲荷さんは「今熊開運稲荷社」というお名前です。

神様は昔からこの地にいる神様です。山の神様です。〝山岳系〟ではなく、山の神様なのです。いる場所が山だったということで、このあたりをずっと守ってこられたそうです。神様は人間の姿で見えました。よく見る古代の服（膝下を縛っているあの服装です）よりも古いです。

お稲荷さんのほうは眷属もそこそこいて、柔和な雰囲気の神様でした。

そしてとても不思議なのですが、この神社は神様とお稲荷さんがワンセット、という感じなのです。普通、境内に別のお社が建てられてお稲荷さんがいる場合、独立したような感じになっています。神様は神様、お稲荷さんはお稲荷さん、といったふうでお願いも別々にしますし、お礼などもそうです。話す時も同じです、別の神様として別々にお話しします。

しかしここは、神様のすぐ横にお稲荷さんが座っているのです。忠犬ハチが飼い主の横に寄り添っているような感じで、大変珍しいです。

これが眷属なら話はわかるのですが、お稲荷さんはすでに神様になっているのに古代男性の神様の横に座っているのです。普通、このようなことはないです。

ちょうどこの日のこの時間、突発的なことが起こって私はあることで悩んでおりました。気にするまいと

思っても気になり、事態が好転してくれないかなと考えていました。気分は暗かったです。そんな気分で参拝しているので、神様に聞かれました。

「どうしたのか?」と。そこで事情を詳しく説明すると、

「心配せずともよい、そこまで落ち込むことはない」と言うのです。

そう言われても私にとっては気がかりで、「はー」とため息が出てしまうような心境でした。

神様は、心配するな、大丈夫だから、みたいなことを言ってくれましたが、気が晴れない私はちょっぴり暗い気持ちのままでした。

しかし神様はニコニコしています。横に座っているお稲荷さんもです。お稲荷さんはフサフワフワの毛で、骨太な感じの白い大きなキツネ姿です。

お稲荷さんに、本を読んで来た人はコンスタント

に来れないと思います、と一応お断りすると、

「お前の名前を出した者はそれでよい」と言ってくれました。

最後まで神様とお稲荷さんは一緒にいました。

これは参拝する側からすると、心強いというかご神威が倍になるというか、頼もしい感じがします。そして見た目にはほのぼのとして、ものすご〜く安心します。

境内はそんなに広くありませんが、茜色の空を眺めたりしてゆっくりさせてもらいました。神社の横には登山口があって、山の上の本殿へと続いているようでした。


気に病んでいた件は、何とかしてくれるのかなとチラッと思いましたが、解決してやるとは言ってなかったので、全然期待していませんでした。

というか私のほうも、何とかして下さいというお願いは一切していません。簡単に解決することではないので、仕方ないと諦めていたのです。しかも今熊神社は関東だし、お礼に来るのも大変です。ですから願掛けもしていないし、何とかしてもらえたらありがたいんですけど、みたいなニュアンスでも話していません。こういうことがあって落ち込んでいるんです、はー、と友人に話すようにしゃべっただけでした。

それが、驚くことに参拝翌日から事態はありえないほど好転していって、あれよあれよという

間に問題は解決しました。びっくりです。

この問題解決には相当な力が働かないと無理だったので、今熊の神様がお稲荷さんと力を合わせて助けて下さったのだと思います。なんて優しいのだろう！　と大感激しました。

神様とお稲荷さん、２人（柱）並んでニコニコしていたお姿が忘れられません。

小さな町の小さな神社ですが、素敵な神様がいらっしゃって、お会いすることができて本当に良かったと思いました。しかも力が相当強いです。神様とお稲荷さんを足したダブルパワーになるからです。

関東の皆様、ここもお勧めです。願掛けはもちろん、円満な「気」に癒されに行くのもいいと思います。

スピリチュアルの不思議22

霊能力

誰もが持っている神仏を感じる力

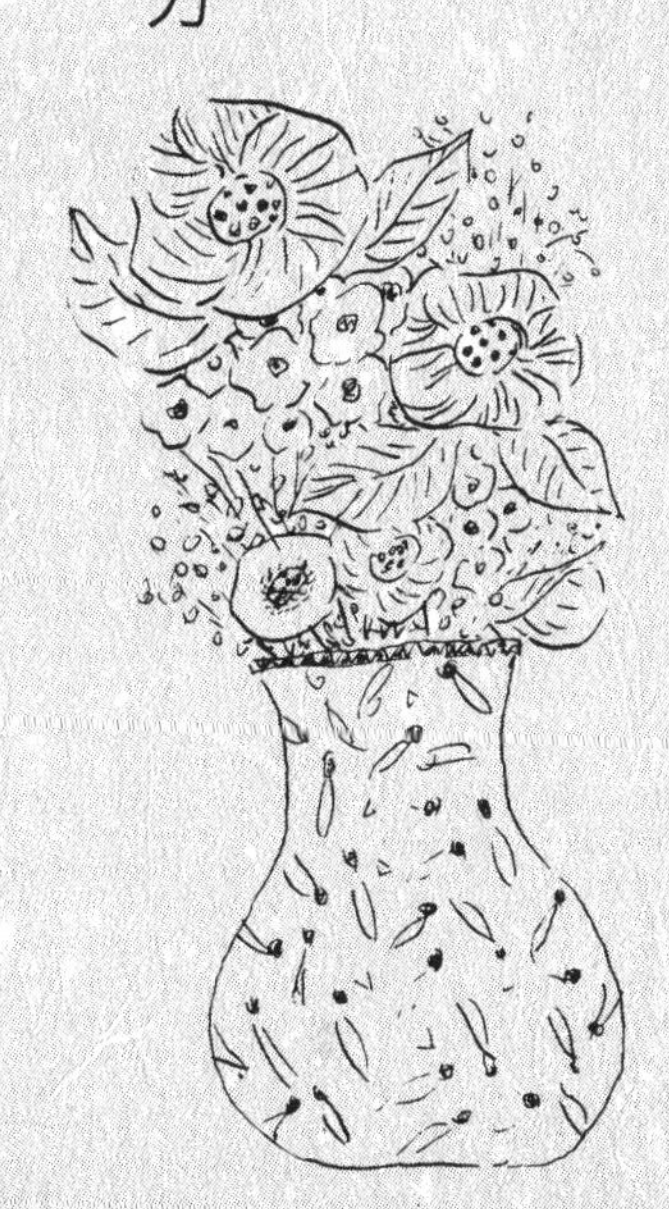

●霊能力　～誰もが持っている神仏を感じる力

世間では霊能力があると言うと、胡散臭いヤツという目で見られることが多いです。たとえ親しい友人であっても幽霊が見えると告白すると怪訝な顔をされたりして、まだ市民権を得ていないのがスピリチュアルな世界ではないかと思っています。

もしかしたら理解ある人に囲まれているという幸運な方がいらっしゃるかもしれませんが、私の周囲はずっとそんな感じでした。うっかり話してしまうと自分が嫌な思いをする、悲しい気持ちになる、そんな経験しかありませんでした。

しかし、ブログを始めてみたら大勢の人が理解を示してくれて、世の中にはスピリチュアルを受け入れてくれる人がこんなにいたんだ～、と驚きました。

それまでは胡散臭いヤツに見られる私、という意識でしたが、メッセージやお手紙を下さる方々はその能力を〝すごい〟と特別に思ってくれていることもわかりました。

見える聞こえるというのはそんなにすごいことではありません。というのは、この能力の〝芽〟は誰もが持っているからです。あの人には与えられているけど、私はもらえていない、ということはないのです。皆さん平等に持っているのですが、ないように感じるのはただ単に磨かれていないだけです。中には体質的に最初からちょっと強いという人もいますが、基本的には磨いていくものです。

識子さんは神仏に特別に愛されていますね、という内容のメッセージもたまにいただきます。そのように書かれている方は非常に謙虚な人が多いです。自分はまだまだなので努力していきたいと思います、みたいなことが書かれています。ですが、体験談を読ませていただくと、私どころではないくらい神仏に愛されているのです。

どこそこの神社仏閣に参拝しました、というご報告メッセージやお手紙が、私のところにはたくさん届きます。その中には、この人は特別に神仏に愛されているな～、と感じられるものが少なくありません。

「えっ！　そんなご加護がいただけたの⁉」とびっくりするくらいの愛情をもらっている人もいますし、読んでいて「それはすごい」と羨ましく思う話もあったりします。この人が参拝して神仏はさぞかしお喜びだったのだろうと思うと、ほのぼのとした気持ちにもなります。きっかけとなった私もとても嬉しいです。

ご本人は「私の思い込みでしょうが、歓迎されているのかなと思いました」とか、「僕が勝手にそう解釈しているだけだと思いますが、嬉しかったです」と謙虚に書かれていますが、いやいやどうしてどうして、こんなに歓迎されるなんて滅多にないですよ～、という出来事が綴られていたりするのです。

「それはですね、大歓迎されている証拠なんですよぉぉー！」とパソコンのこちら側で叫びたいくらいのことが書かれていることもあります。皆さん、たっぷりの愛情をもらっています。

この〝愛情に気づく〟ということが、見える聞こえる能力を磨く第一歩と言えます。

私も最初は、神仏の声が聞こえませんでしたし、幽霊しか見えませんでした。幽霊が見えるからといってそちらばかり見ていてはアンテナは幽霊に合わせたままです。幽霊が見えてしまう人は、自分の霊感アンテナは神仏にしか向けない！　と強く決意することが大切です。

そしてその次に来るのが、神仏に愛されている・可愛がられている自分を「知る」ことになります。愛情を感じると、ますます神仏が好きになっていきます。ここ、非常に大事です。

私もまだ見えない聞こえない時、せっせとあちこちの神社仏閣に行っていました。ウキウキワクワクして参拝し、愛情のサインをもらえたらそれはもう大喜びしていました。自分は神仏にこんなにも目をかけてもらえているんだ！　と思うこの部分だけは（自分は神仏に愛されていると知ることです）、「図々しくそう受け取っていいの？」と謙虚になる必要はありません。というか、ならないほうがいいです。これは自惚れとは違うんですね。

神仏に愛されていることを知ると、欠点がたくさんあるこんな自分を愛してくれる神仏に感謝の念が湧きます。いただいたご縁を大事にしたい、見放されたくないと思います。その結果、悪いことはしない真っ直ぐな人生を歩んでいきます。それまで以上に謙虚な姿勢で生きていくことになります。そうすることで霊格も向上します。

ですから、愛されているという事実を正しく知ることはとても大切なことなのです。

でももしも勘違いだったら？　と考える真面目な人がいるかもしれませんが、それもまったく構わないです。たとえ勘違いだったとしても全然恥ずかしくないし、相手は神仏ですから厚かましいなんてこれっぽっちも思いません。「ありゃ〜、それ、愛情のサインちゃうねんけどな〜。でもすごい喜びようやなぁ、そこまで喜ぶんやったらちょっと目をかけてやろかな」と思ってくれる、それが神仏です。


私の本『神さまと繋がる神社仏閣めぐり』を読んで高尾山に登った男性からのメッセージです（わざわざ私の本を持参して下さったそうです）。

奥の院の浅間神社にお参りをして、ふと見ると神社の裏に竹箒があったそうです。男性はその竹箒で神社の周囲のお掃除をしようと思いつき、せっせと掃いていました。

すると、そこに五円玉が落ちていたのだそうです。手に取って見てみると、偶然にも自分の年と同じ発行年のものでとても驚いた、と書かれていました。

タダでいただくわけにはいかないので、自分のお財布から五円玉を出して交換してもらい、お賽銭箱に入れたそうです。

神様がご縁を下さったのかな、と勝手に思っています、というふうに書かれていました。

他にも、境内で鳩が寄って来て私の周りを一周しましたとか、写真に眷属のような姿が映りましたとか、識子さんに紹介された滝に行ったら虹がかかっていましたとか、このような「通常とはちょっと違う」ことがあれば、「自分は特別かも♪」と思っていいのです。

普段だったら通常の状態のままですから、違ったことがあればそこには意味があります。願掛けをした後で奇跡のように叶ったとか、常識では考えられない不思議な現象があったとか、そういう場合も特別です。

可愛がって下さっている！　とわかると、その神仏をますます好きになっていきます。過去の自分を振り返ってみると、この気持ちはとても大事だったように思います。

あとは、頑張って神仏を感じる努力をする、自分でできる範囲で修行を重ねる、神様にたくさん語りかける、人格・霊格を上げる努力も怠らない、プラス、コツをつかむことも必要かと思いますが、こうすれば誰でも徐々に、見える聞こえるわかる能力はついていきます（詳しいやり方は今までの書籍などでいろいろと紹介していますので、今回は省きます）。

というわけで、見える聞こえる能力はそんなに特別なことではない、とおわかりいただけたかと思います。

では、どんな能力が特別なのでしょうか。

透視や予知、テレパシーなどの超能力と呼ばれるものを除いて言えば、私が思うのは「癒す能力」です。これは人間に対して癒しを与えるのではなく、霊とか神仏とか「見えない世界の存在に対して」癒しを与える力です。

例えば幽霊を癒す（成仏させる）場合、お坊さんだったらお経というツールを使います。お経自体が持つ力を借りるわけです。しかし、この能力を持った人はお経など必要としません。

この人がそこへ行って手を合わせるだけ、もしくはお花を一本供えてあげるだけで、幽霊が成仏するといった具合です。その人自身がそのままお経の力をすでに持っているのです。

これは前世で積んだ徳が魂に刻まれているのではないかと思います。一回だけの前世の功徳ではなく、何回かの転生でコツコツと修行をし、善い行いを重ねた結果だと思われます。

そのような能力を持った人は知らず知らずのうちに人助けをしているわけで、地上にうようよといる幽霊のために、最初からそのような使命でこの世に来たのかもしれません。

この力を持った人が仏壇の前で般若心経を唱えてあげると、ご先祖様は泣いて喜ぶのではないかというくらいの供養になります。その持って生まれた癒す霊能力のパワーで、です。

いつだったかもうずいぶん前になりますが、男性からメッセージをいただきました。どうにもある神様のことが頭から離れず、探してみたところ、山の雑草の中に埋もれて朽ちていた、というお話でした。僕が何とかしてあげようと思っています、というふうなことが書かれていました。

そのメッセージを読んだ時、状況がパーッと見えて、ああ、この神様はこの男性にちゃんとしてほしかったのだなと思いました。いくら朽ちて埋もれていようとも、早く誰かに見つけてほしいと思っていても、誰でもいいというわけではないのですね、神仏の場合は。

触っていいのはある種の霊能力が必要ですし、人格も必要です。

豊国廟に行きました、というメッセージを多くもらった話を２５６ページに書いていますが、その中には、「この人は行ってあげるだけでいい人だな」と思える方がいました。きっと本人は気づいていないと思います。でも、行くだけで神仏に喜んでもらえる人です。この能力を持った人が第４章で書いた靖国神社に行くと、ひと言ふた言しゃべるだけで、ごっそりと大量の英霊が成仏しそうです。

すごい能力で素晴らしいのですが、表に出ない・目立たない・わかりにくい、それゆえ持っている本人も気づいていないのではないかと思います。気づいていないから本人は謙虚であり、ますます輝くのかもしれません。

もう一つは、神仏の意を汲み取れる霊能力です。

本人が気づかないで行動していることや、言動などが、実は神仏のお手伝いであり、それが誰かを救っているという能力です。見えない霊能力で神仏の意向をキャッチしていて、本人は気づかないままお手伝いをしているのです。

例えば、財布を拾ったので交番に届けた、という場合。

落とし主についている（縁を結んでいる）神仏が、財布が無事に戻るようこの霊能力ある人に働きかけて拾わせます。でなければ、違う人が拾うと神仏の働きかけが届かず、ネコババしてしまうからです。

警察署の遺失物を取り扱う部署の方から、『「神様アンテナ」を磨く方法』という本に書いた、天に徳を積むというお話の感想をいただいたことがあります。そこにはこんなことが書かれていました。

財布を拾いましたと届けに来て「お礼はいりませんから」とあっさり辞退して去る人がいるのだそうです。その場合、財布を取りに来た持ち主も良い人が多い、とのことでした。係の人がまだ説明をしている途中なのに持ち主は「お礼を……お礼がしたいのですが」と、自分からお礼について申し出るのだそうです。

これは不思議とそういうパターンが多い、と書かれていました。

読んでいて、そうだろうなぁ、と思いました。こういう場合、間に神仏がからんでいるので、神仏に対して良いことをした拾った人、神仏に親切にしてもらった落とし主、ということなのですが、落とし主についている神仏が働きかけを汲み取れる人に拾わせている場合もあるのです。

その霊能力を持った人は、神仏のお手伝いだと「魂が」わかっていますから、ネコババしたりしませんし、お礼を請求したりもしないのです。

このように人助けのお手伝いをしたり、本書の第７章に書いている、例えば豊国廟の石段でしんどくて引き返そうかなと迷っている人に「頑張ってね、あと少しよ」と声をかけてあげることなどもそうです。

神仏には肉体がありませんから、まだ聞こえない人に直接声かけができません。そこで働きかけを受け取れる人に言わせたりもするわけです。

私が比叡山の研修修行に参加した時のことです。苦行だったらつらいな～、と直前で尻込みをした時に、数通のメッセージがほぼ同じ時間にまとめて届きました。その内容は「神仏との橋渡しをしてくれてありがとうございます」「神様が信じられるようになりました」「神仏についてもっと知りたいです」というものでした。メッセージに元気づけられた私は一気にやる気満々になって参加をし、ありがたくて貴重な体験を得ることができたのです。

このメッセージも神仏の働きかけを汲み取れる方が書いたものだと思います。神仏が直接私に、「行ってきなさい」と言うよりも、読者の方から感謝の気持ちをいただくほうが、私が断然やる気になることを神仏は知っているからです。ちょっと手伝ってくれるか～？　と数名に働きかけ、その人は自分で気づかないままお手伝いをしたのだと思います。

神仏の働きかけに素直に反応してお手伝いをしている人は、いつもさりげなく人助けをしているわけで、素晴らしい能力だと思います。

この能力もみんな平等に〝芽〟を持っています。こちらもどう磨くかですが、霊格が上がるにつれて強くなっていく人が多いように思います。

このように霊能力は誰もがその〝芽〟を持っており、それをどう磨くかどう強くしていくか、なのです。そして霊能力には種類があって、実は目立たないほうが尊いことをしています。

識子さんって見えるし聞こえるしすごいなー、私はまだまだだわ、と思っているその人が花束を捧げるだけで一気に何十人、何百人もの人を供養できたりするのです。私なんか足元にも及びません。

特別な人は特別だからこそ、その純粋さを保つためにわからないようにしてあるのかもしれない、と私はそう思っています。

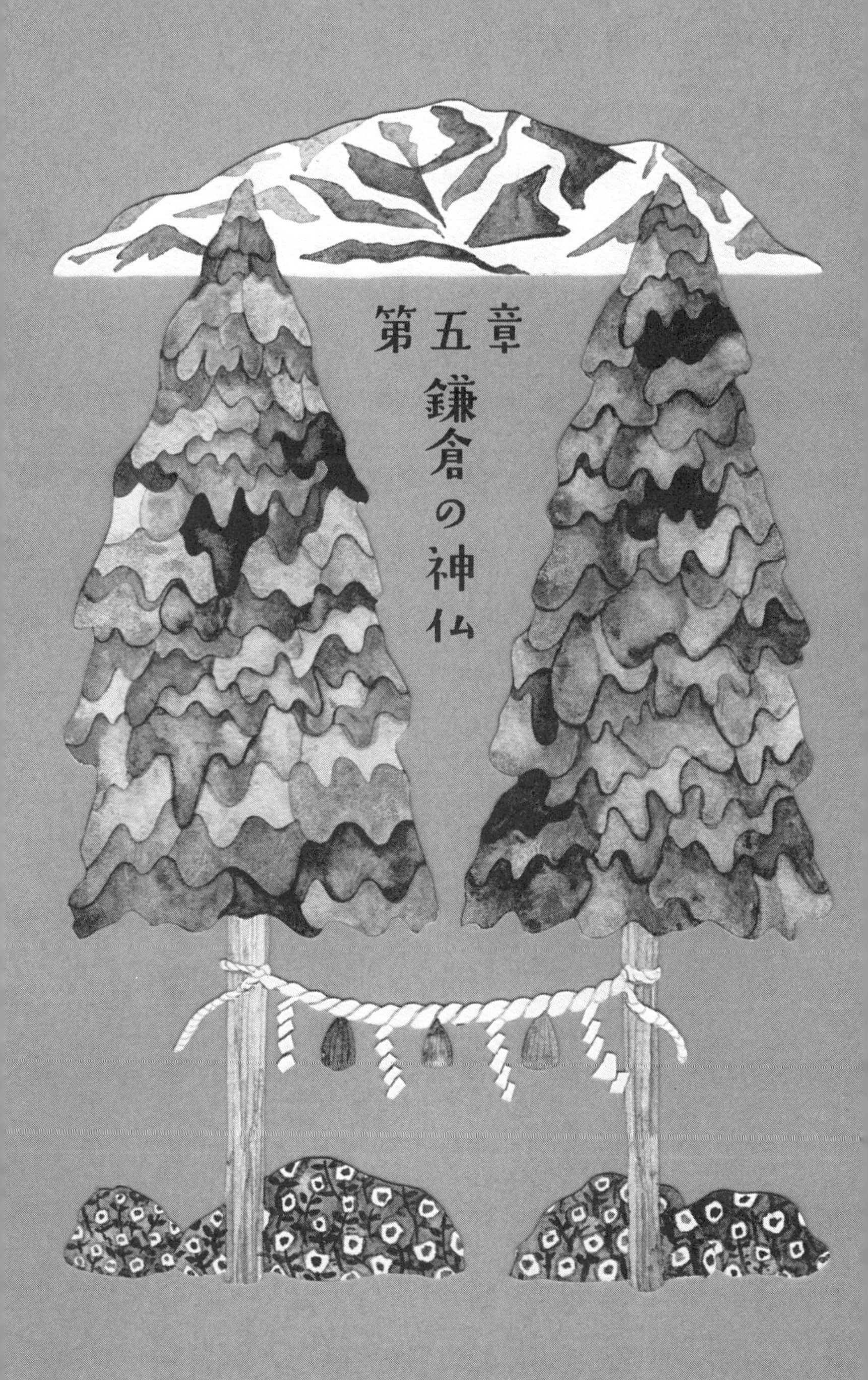

第五章　鎌倉の神仏

●江島(えのしま)神社　～力がある弁天様と海の神様

鎌倉という街は、関東のどこかにあってオシャレで何だかちょっと高級感が漂っていたりもして、海があって歌にもよく歌われる場所というイメージを持っていました。大仏様が青空の下に座っている、という印象も強くありました。

実際に行ってみるとイメージそのままでしたが、江戸や京都と違って昔の都があった都市にしては落ち着きがあり、こじんまりとした街でした。

車で走っていたら「茅ヶ崎」と書かれた標識があって、うわぁ、茅ヶ崎だ！　本当にあるんだな～、と何だか嬉しかったです。青春真っ盛りだった頃の懐かしい歌に出てくるんです、茅ヶ崎が。私の中では歌の世界の地名、遠い世界の街の名前だったので、このあたりなんだ～、とそこに自分がいることが不思議でした。

鎌倉のお隣の藤沢市に江島神社があります。厳島(いつくしま)神社（宮島）と同じように、海を隔てた島にあるのだろうと漠然と思っていました。宮島はフェリーに乗らなければ行くことができません。江の島もそうだと勘違いしていたので、計画を立てた時に橋が架かっていることを知り、そこで調べてみました。

江の島は陸繋島（りくけいとう）といって砂州によって陸地と繋がっている島でした。地図でよく見るとたしかに繋がっています。福岡県の志賀島（しかのしま）（漢委奴国王印《金印》が発見された島です）と同じで、何だか神秘的な感じがしました。

その江の島に渡って左手の大きな駐車場に車を停め、神社まで歩いて行きました。参道にはお店がたくさん並んでいて参拝客も多く、にぎわっていました。

境内に入るとまず辺津宮（へつみや）という社殿が正面にあります。他の神社でいう「本殿」といった雰囲気です。まずそこでご挨拶をし、次に境内に入った直後からずっと磁力を感じていた左側にある奉安殿（ほうあんでん）という八角形のお堂に入ってみました。ここがお勧めです。

このお堂にはごく普通の仏像の「八臂（はっぴ）弁財天」と、日本三大弁財天のひとつとされている「妙音（みょうおん）弁財天」の2体が安置されています。

この妙音弁財天像というのが、なんと！　裸像なのです。裸、です。女性の仏様の姿なのに、服を着ていなくて素っ裸で楽器を持っています。

なぜ裸？　と素朴な疑問が湧きますが、それと同時に「仏様は平気なのだろうか？」と見ているこっちがドギマギします。

「ふ、服を〜、着せて差し上げたい……」と本気で思います。

私が仏様だったら「裸で作りおってー、仏師めー！　ンモー」と眉をひそめるところですが、この弁天様は「そんなことはどーーーでもよい」と鷹揚に構えていて、竹を割ったような性質でした。妙音弁財天像はぱっと見、お人形のように見えますが仏様としての中身は全然違います。ものすごく大きな力を持っています。

観光的な視点で「へぇ〜、裸なんだ〜。珍し〜」とボーッと見たり、美術品として見学してしまうと、そのままうっかりお堂を出てしまうように思います。

このような力が強い仏様にお願い事をしないで帰るのはもったいないです。この弁天様は、自分が持つ才能のレベルアップとかエンターテイメント的なものに強いようでした。

おぉ、これはラッキー、と思った私は「もっとわかりやすい、上手な文章が書けるようになりたいです」とお願いをしました。一生懸命にその願掛けをしていると、裸のほうに入っている弁天様が言いました。

「お前は、音楽はしないのか？」

「え？　音楽？　してないです」

「ふ〜ん、そうか」

なんだ、残念だな、みたいな口調です。

音楽方面が得意で、きっとそちらには大きな力を発揮できるのでしょう。でなければ、わざわざ聞いたりしないと思います。その分野の仕事をしている人や、音楽業界を目指す人は行かれるといいと思います。お願いするのは裸の弁天様のほうです。

このお堂には他にもいろいろ展示してあって、龍の像もあったように思うのですが、なにせ弁大様が強烈ですので他は記憶に残っていません。

入るには拝観料がかかりますが、江島神社に行くのであればここは外せないです。

江島神社の参拝者に関する特徴をひとことで言うと、カップル率が高い、です。神社仏閣でもたまに若いカップルを見ることはありますが、こんなにたくさん見たのは初めてというくらい多かったです。手をつないでいる率も高し、です。

ここには「恋人の丘」という場所があって（私は見ていないのですが）そこにある「龍恋の鐘」がデートスポットらしいのです。みんなラブラブで歩いていました。今が一番楽しい時だよね〜、と自分の若い頃を思い出し微笑ましく思いました。

この江島神社が素晴らしいと思うのは、登りの石段がきついところに「エスカー」という、エスカレーターが設置してあることです。

年配の人が何人か乗っていて、私も利用してみました。

立っているだけでシューッと上に登れるのでラクです。他の神社仏閣にもこのような高齢者や体が不自由な人に配慮した設備ができればいいなと思いました。ちなみに下りエスカーはありませんので、帰りは歩いて下ります。


島の奥まった場所には「岩屋」という洞窟があります。

神社の公式サイトに〝江の島弁財天信仰の発祥の地〟と書いてあるので、これは何としても入らねば！　と思っていました。

イラストマップを見るとそんなに遠くないように感じて甘くみていたのですが、結構歩きます。遠いです。私は午後遅い時間に到着したので、最後は小走りでも間に合わないかもしれないという状況になりました。時間に余裕を持って行かれることをご提案致します。

洞窟内では１人にひとつ、ロウソクが立っているお皿を渡されて、それを持って進みます。

修行場だった昔は仏様や神様がいたのかもしれませんが、現在の洞窟内に神仏はいませんでした。ですので、昔の修行場を見学する、という認識で行ったほうがいいです。

霊感が強い人、「その場の過去」に同調しやすい人は、洞窟はここに限らず気をつけたほうがいいと思います。

太陽光が当たらない場所ですから、パワーがあっても明るいパワーではないことがあります。それでも洞窟内に神仏がいれば大丈夫ですが、いなければその暗いパワーに良くない影響を受けることもあります。

行者の念なども残っていますので、うっかり同調すると体調が悪くなるかもしれません。いくら神仏と繋がる行をしている行者でも、悪い念を強く残していたりするのです。空海さんほどのお坊さんだったら、洞窟内をキレイに浄化処理して出て行きますが、そうではない行者は処理せずに出ますので、念がこもったままなのです。

修行場の洞窟に入ってなんだか調子が悪くなった、体が重たくなったという人は、出たらまず太陽の光をいっぱいに浴びるといいです。そして神社に寄って、神様に祓ってもらってから家に帰ります。この江島神社で祓ってもらうのだったら、奥津宮（おくつみや）です。もしくはさきほど書いた弁天

様です。

岩屋から出るとちょうど夕焼けで、空も海もとても美しく輝いていました。空は半分が雲に覆われていて半分が青空でした。その交わった部分に日が沈んでいたのですが、オレンジ色というより黄金色で「うわぁ〜！　なんて美しい光景！」とただただ感動して見ました。

海の癒しは山とは違った種類で、あ〜、海の癒しもいいなぁ、としばらくそこにいました。

海岸に面したところの一角に、岩がくり抜かれたというか、削られたというか、ちょうど1人分のスペースが開いている岩があります。そこがとてもいいです。

パワースポットではありませんが、海の波動を受け取りやすいです。背面が岩なので拡散せずに反射するため、全部自分が受け取れます。私はそこでもしばらくボ〜ッとしていました。

ふと見ると、目の前の岩にトンビが止まっていました。夕焼け空と海を背景にトンビが1羽……絵になっていました。トンビは海の神様の神使（しんし）ですから、海の神様が歓迎してくれているというサインでもあります。素敵な光景にうっとりしました。

岩屋に先に行ったので、そこから戻りながら「龍宮（わだつみのみや）」に参拝しました。ここは龍のお社となっています。お堂の上には大きな龍の像が飾ってありましたが、私が見たところ龍ではなく白いヘビが入っていました。

この島は驚くほど白ヘビが多かったです。中津宮（神社の中ほどにあります）から岩屋へと向かう途中に、歩いて7～8分くらいでしょうか、「山二つ」という名前の場所があります。そこで奥津宮があるほうの山を見ると見えやすいと思います。白ヘビはこちらの山に集中していました。

最後に奥津宮へ行きました。一般で言うところの奥宮です。

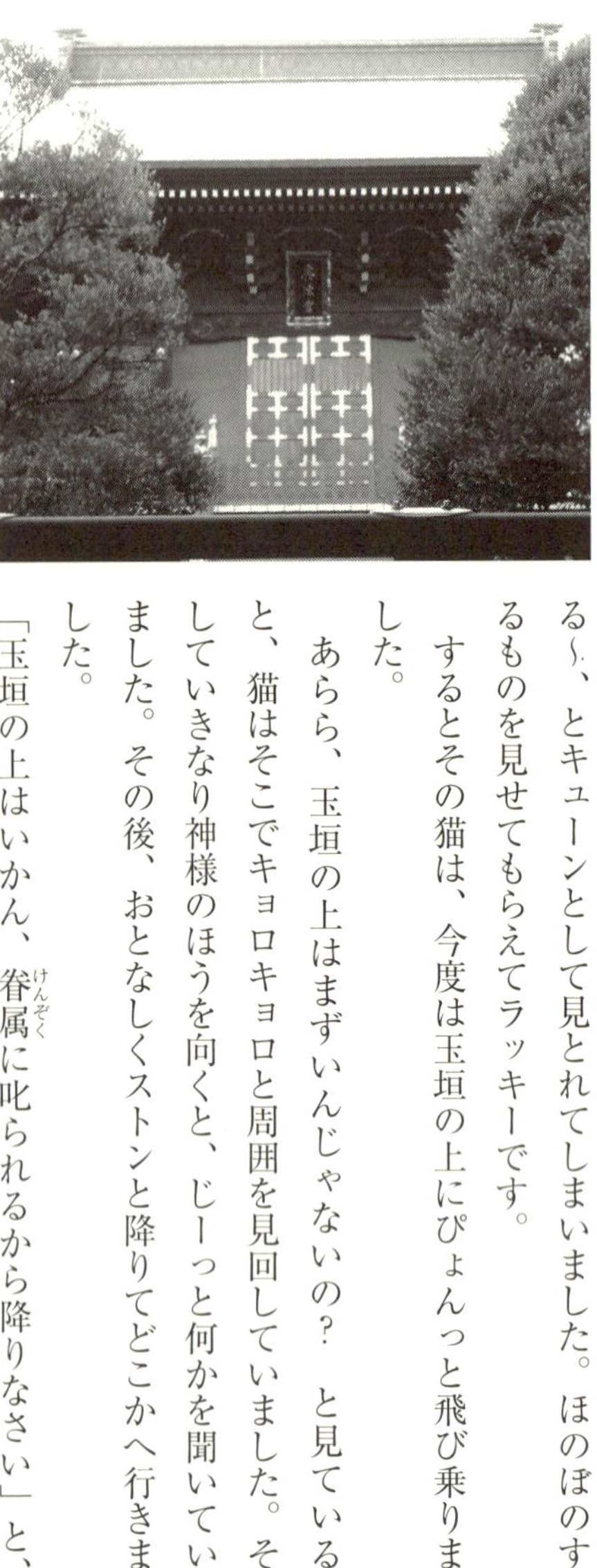

社殿を見た瞬間に「あっ！　海の神様だ！」と、これはもうハッキリとわかりました。海の神様特有の波動なのです。

すでに日が落ちていたので、自己紹介とご挨拶だけして帰ろうとすると、猫がにゃーにゃーと3匹ほどどこからかやってきました。

私は猫も犬も大好きです。可愛いな～、とほんわか見ていたら、1匹の猫が狛犬の台座にぴょんっと飛び乗りました。そして狛犬の前足の間から顔を出しています。か、可愛い～、可愛過ぎる～、とキューンとして見とれてしまいました。ほのぼのするものを見せてもらえてラッキーです。

するとその猫は、今度は玉垣の上にぴょんっと飛び乗りました。

あらら、玉垣の上はまずいんじゃないの？　と見ていると、猫はそこでキョロキョロと周囲を見回していました。そしていきなり神様のほうを向くと、じーっと何かを聞いていました。その後、おとなしくストンと降りてどこかへ行きました。

「玉垣の上はいかん、眷属（けんぞく）に叱られるから降りなさい」と、

神様に言われたのだと思います。そのまま3匹とも静かにいなくなりました。

境内では、カラスと一緒に帰りましょ、と夕焼け小焼けのメロディが流れていて、あたりはどんどん暗くなっていきます。

早足で歩いて最初の辺津宮の社殿の前まで戻ると、そこには大きな龍がいました。

このお社の神様は龍だったんだ！　と立ち止まってお姿を見ました。境内に入ってすぐの時はいなかったので、どこかに行っていたのかもしれません。

話をお聞きしたいと思いましたが、すでに完全に日が暮れてしまっているし、閉門時間だったので諦めました。海の神様の眷属としているのかな？　と思いましたが、龍自身が神様としているように思いました。

暗くなってもにぎわっている参道を抜けて駐車場に着き、そこで神社の方向の空を見上げたら、辺津宮からさきほどの龍がしゅるるるるーっと泳いで来ました。

でっかっ‼　と思ってしまう大きさで、見上げている空の1／5が龍の体でした。低空飛行していたせいというのもありますが。そしてそのまま泳いで行ってしまいました。

この神社は、岩屋の前あたりでボ～ッとひたすら海の癒しを受け取るためだけに行ってもいいと思える神社です。それに加え、弁天様はサバサバしていて親しみやすいし、海の神様も猫に注意をしてあげるくらい優しい神様です。龍にお話を聞けなかったのは残念ですが、バラエティに富んだ神様方がいるので参拝するのが楽しい神社です。

●高徳院 ～大仏様の癒し

鎌倉の大仏様はたま～にポスターとか写真で見るくらいで、興味を持って調べたことはなく、テレビなどの特集も見たことはありませんでした。遠くて参拝することはないだろうと思っていたせいもあって、興味がなかったのです。

こう言っては関係者の方に叱られそうですが、奈良の大仏様の二番煎じ？　みたいな印象がありましたし、鎌倉というと大仏様が出てくるので、街のシンボル……例えて言うならスカイツリーのような存在なのだと思っていました。

きっと伽藍（がらん）がいくつもあるお寺で、お寺のシンボルとして目立つように屋外に大仏様が安置されているのかな、とそう思っていました（大仏様は最初から外に座っていたわけではなく、安置されていた大仏殿が倒壊したのだそうです）。

せっかく鎌倉に来たのだし、一応大仏様も見とく？　程度の気持ちで高徳院へ行きました。拝観料を払って門をくぐると、正面には植え込みがあります。真正面に植木があるので視界が遮られています。ここでは、とりあえずお寺の境内に入った、という感覚です。で、何も考えずに植え込みを迂回すると……そこで、大仏様のお姿がバーン！　と目の中に飛び込んでくるようになっていました。

うわぁー！　とそこで大感動です。

というのは、大仏様が想像していたよりもはるかに大きいのです。迫力あります。そして実物を見ると、瞬時にただのシンボルではないことがわかりました。仏様なのです。それも波動の高い仏様で、大仏様の周りの空間は聖域でした。その波動の高さに感激します。

そうか～、こういう仏様だったのか～、とそばまで行って見上げ、その素晴らしさに心を打たれました。やっぱり神社仏閣は行ってみなければわからないと思いました。

大きな仏様が青空の下(もと)にいる、というその状態がすごくいいです。大仏様の背後には山と空の自然があり、今までどこの仏様にも感じたことがない、言葉では表現できない波動とパワーが満ちていました。頑張って何とか文章で表すと、空と融合した広がるようなパワー、仏様が大自然に溶け込んで独特の慈悲を放っているという感じです。

いいな、いいな、この仏様大好き、この場所に居ることができて嬉しい、とそばにいるそれだけで癒されます。

世間にはシンボルとなっているだけで魂が入っていない大きな仏像もありますが、鎌倉の大仏様は違っていました。大仏様の中は見物できるようになっていて、内部を人間がウロウロしているのに、仏様のままなのはすごいです。正直言うと、魂は入っていないのでは？　と思っていたので意外でした。


仏像の内部は空洞です。

アメリカの自由の女神像は内部が螺旋階段になっていて、てっぺんまで行くと女神像の冠の部分から外を見ることができます。大仏様も大きいのでそのようになっているのかと思いましたが、こちらは空洞部分の中に入るだけです。

胎内の拝観料は別料金になっていますが20円という良心的な金額で、修学旅行の中学生が楽しそうに入っていました。でも内部はがらんどうのため、皆さんすぐに出ていきます。

実はこの内部には大変ありがたい場所があるのです。

まず中に入ったら、「おぉ～、でかい～、広い～」と、とりあえず驚いて内部を観察することと思います。その後に説明板のところに行ってみて下さい。説明板の前に立つ時に、右端のほうにツツツーッと寄ると大仏様のお体が自分の頭に当たるところがあります。天井というか、上の

部分が低いところがあるのです。大仏様が組んでいる右足の膝のあたりでしょうか。

この低い天井に頭をくっつけてじーっとしていると、何とも心地よい波動がいただけます。

大仏様に頭をよしよしされているような感じなのです。心静かに目をつぶって大仏様に集中すると、畏れ多いかもしれませんが、大仏様と一体になれます。

仏様の一部にしばらくの間くっついていられる、というところはなかなかありません。とってもありがたい内部拝観ですので、行かれた方は是非この一体感を経験されることをお勧めします。

さてこの大仏様、どのようなご加護がいただけるのかというと……実は瞑想中でいらっしゃいます。ですから、人々の願いを叶えるとか、極楽に導くとかじゃないのですね（個人的見解です）。

大仏様は阿弥陀様ですが一般的な阿弥陀様とは異なっています。煩悩が多い私たちの代わりに瞑想をしてくれているのです。

大仏様のお顔を見ていると、心がスーッと安らかに落ち着いていきます。イライラしたり落ち込んだりと心が正常ではない時はそれが軽くなります。

お顔を見て、私の代わりに瞑想して下さっているのだな、と思えば気持ちがラクになります。「心が騒ぐ私の代わりに瞑想をして下さい」とお願いするのもアリです。代わりに心を整えてくれます。
修学旅行の生徒や団体旅行の観光客が多いため、にぎやかで騒々しい境内ですが、そんな喧騒の中にいたにもかかわらず、お寺を去る時は瞑想した後のようなすっきり爽やか感がありました。心に憂いなし！　という状態でした。
予想していたような多くの伽藍などはなくて、高徳院は大仏様のための……大仏様だけのお寺でした。
「シンボルとして見に行く」「記念に写真を撮りに行く」の

もいいですが、心を整えてもらい、大仏様の体の一部と密着して心地よい波動をもらう目的で行かれるともっといいと思います。

●長谷寺　～リアル空海さん像とお坊さん仏像が楽しい

長谷寺（はせでら）は高徳院から歩いて10分もかからない場所にあります。紅葉が美しく色づいていてとてもきれいでした。多くの人が紅葉メインの写真を撮っていました。

ここではまず阿弥陀堂から参拝しました。

お堂の奥に大きな阿弥陀様が座っています。光背は修復されたものなのか新しく見えましたが、仏像は古くて威厳がありました。

力がある阿弥陀様で、「おぉ～!」と感動して声をあげていると、こちらを見てにっこり笑っていました。鎌倉幕府を開いた源頼朝が42歳の厄除けのために建立したものだそうで、厄除阿弥陀様と呼ばれているそうです。

ただ、この仏様はちょっと遠いです。お堂の中は立ち入り禁止なので、入口から手を合わせるのですが、もうちょっとおそばに行きたい～、という微妙な距離でした。

入口からみると、正面に阿弥陀様がいてそこしか目に入らないため、手を合わせた人はみんなそのまま次へ行ってしまいますが、ここは入口の端っこ手前に仁王様がいます。

入口は真ん中のところだけが開いていて、左右とも1／3の部分は壁です。その壁の手前ギリギリの両端に仁王像が左右に安置されています。

ですので、見るためには、思いっきり覗き込まないと無理です。

私はここを拝観して観音堂や見晴台をぐるっと回った後、戻って来ました。もう1回阿弥陀様と仁王像を見たかったからです。

戻ってみるとそこには年配のおばちゃんが3人いて手を合わせていました。3人は拝み終わるとワイワイとしゃべりながら、お堂を離れそのまま次へ行こうとしていました。

そこへひょこっと私が行って、仁王様をもう1回見ようと中を思いっきり覗き込んでいたら……。こういう時、人間って純真だなぁと思うのですが、3人とも「？？？」と不思議そ〜に立ち止まって私を見ているのです。

この人、何やってるのかしら？　と興味津々です。この人が去ったら、覗いてみようかしら？　と3人が3人とも考えているのが顔に表れていました。

こういう場合、普段だったら遠慮して「どうぞ」とすぐに譲り

ますが、私もここの仁王様はこれが最後なのでじっくり見たいです。しかも１人だけしか見れないというわけではなく、私の隣りにくれば一緒に覗けるのです。

おばちゃんたち、ごめんね～、私、もうちょっと見るよ～、と思っていると、ボスっぽいおばちゃんが好奇心に勝てず、つかつかとそばに来ました。そして、私の隣りにくっついて私と同じように中を覗き込みました。

「あら～！」と大胆に叫んだボスおばちゃんは、

「ちょっと見てごらんなさいよ」とお友だち２人にも勧めます。するとお友だち２人もそばに来て、合計４人、全員でくっついて中を覗きます。

「あらら～！」

「わかんないわよね、この位置だと」

「怖い顔ねぇ～」

「本当ねぇ～」と３人は東京弁で上品に感想を言っていました。

ホンマにそうですよねぇ～、恐ろしい顔ですよね～、でも見逃したらもったいない仏像やと思いません？　と、心の中で私もこっそり会話に参加しました。

阿弥陀堂の隣りには観音堂があります。ここに十一面観音様がおられます。

お堂の外観はごくありがちなデザインなのですが、中に入ると近代的な建物で、そのギャップに一瞬戸惑います。

そして一歩入ると、誰もがとりあえず観音様の大きさに驚く、圧倒される、ことになるのではないかと思います。お堂の内部は薄暗いので、きらびやかな仏様が一層映える、という効果もありました。

素晴らしい仏様だ〜、とひたすら観音様を見上げていたら上からチラッと私を見て、そしてにっこりと微笑んでくれました。こういう時、本当に天にも昇るような気持ちになります。

この観音様も、先ほどの阿弥陀様もとても大きいです。大きい仏様というのは存在するだけで人々の信仰心を磨きます。

どういうことかと言いますと、常識を超えた大きなものには威圧感を与えるというパワーがあります。出雲大社の巨大なしめ縄とか、ん〜、例が思いつきませんが、夏の夜に壁に張り付いている巨大な蛾とか（都会の人にはわからないかもです）、真下から見上げる高層ビルとかです。池の中に巨大な鯉がいたら、ついまじまじと見てしまう、何かこう気圧（けお）される部分があると思います。大きいというだけでパワーがあるのです。

魂が入った仏像は高波動のエネルギーを放っています。人間はその波動が見えなくても、何かしら肌で感じます。仏の姿に彫られているただの木とか、ただの骨董品ととらえずに、直感で仏様だと認識するのです。

するとそこに崇める気持ちや感動が湧き出てきます。波動を発していないただの物質だったら、そのような尊い気持ちにはなりません。

大きな仏様はサイズによるパワーにプラスして高波動も放っているわけですから、魂が無意識に畏敬の念を抱き、感じる力が強い人は涙が出たりすると思います。それまでは見えない世界を否定していた人も信じる気持ちに傾くわけです。

そして、あ〜、あの仏様何だかすごかったな、また会いたいな〜、と再び参拝に行きます。するとやっぱり心地よいわけです、仏様の波動が。

何回か通ううちに、別の仏様はどうなのだろう？　他の仏様にも会ってみようかな、と違うお寺にも足を運ぶようになります。こうしてあちこちを訪ねているうちに多くの仏様にご縁をもらい、信仰心が深まっていくというわけなのです。

魂の入っていないただの像だったら、そこに波動はありません。人間はちゃんとそれを感じる能力を持っています。仏様との道が繋がっていて、仏様がそこにいるから、心が反応して先ほど書いたような感情になるわけです。

というわけで、魂が入った大きな仏像はそこにあるだけで、人々の信仰心を磨いてくれるのです。

観音様を見上げて、自分がいかに小さな存在であるかを確認し、ありがたさで胸いっぱいになっていると、「おい」と呼ばれました。

呼ばれた方向（右側です）を見たら、えらくリアルな作りの仏様が2体そこにありました。ごく普通の仏像とは違っていて、ロウ人形のような感じのお顔です。実写版仏様です。

え〜っと？　誰？　この人？　と説明を読むと……、うー、すみません、ここからうろ覚えでしたのでネットで調べました。うっかりメモしてなくて、しかも遠い過去なので（4ヶ月前ですが）記憶に残っていないのです。

その仏像は善誉耕美上人坐像というお名前のようです。29世とネット情報ではそれだけですが、たしか2回座主（ざす）になった高僧、と書かれていました。29世と32世あたりだったと思います。

そのお坊さん仏像が（現地で仏様本人にこう呼ばせてもらったのでこちらで統一したいと思います）、

「お前は仏がわかるようだな」と言います。ハイ、と返事をして、

「ここの仏様はいらっしゃるだけでありがたいので、それを本に書こうと思います」と言うと、

「仏の良さを広めるように」とのお言葉をもらいました。

〝仏教〟の良さ、と言わないところがさすが仏様です。こいつは仏教の教義を全然わかってないみたいだな、と見抜いていたのだと思います（笑）。

お坊さん仏像の横にあるもう一体の実写版仏像は、なんと空海さんでした。残念ながら空海さんのほうは魂が入っていませんでしたが、顔がロウ人形仕様なので、何というか、人間だった時の空海さんがその像を通して見えたりします。

空海さんはこんなに目は小さくありませんし、もっと顔もでかいし、頭もゴッゴッしてます。ロウ人形は顔が中央にキュッと寄ったような小人物の感じですが、空海さんはこんなに小さくまとまった人物じゃないです。

しかし何というか、生きていた感……空海さんは伝説上の人物ではなく、「実際に人間でした、生きていました感」が出ています。昔、同じ人間だったのだなと空海さんの偉大さを改めて思いました。よく見る肖像画や仏像よりも作りがはるかにリアルなので、親近感が湧く方がいらっしゃるかもしれません。

こういう空海さんも悪くないなーと、私がじぃぃーっと空海さん像を長い間見つめていたら、

「その仏像が好きか？」とお坊さん仏像に聞かれました。

「ハイ！　生きていたという雰囲気が出てますよね？」

と返すと、くっくっくっと笑っておられました。

そこでまた今度は観音様の前に立って長々と見上げ、満足いくまで眺めてからお堂を出ようとすると、

「帰るか?」と聞きます。ハイ、とお答えすると、仏の良さを広めることを頑張りなさい、というありがたいお言葉をもらったので、微力ながら私なりに精一杯努力することを約束しました。

観音堂を出て見晴台のほうへ歩いて行くと、多くの人が見晴台で休憩していました。海がすぐそこにあって、鎌倉の中心部も海辺だったのね、と知りました。

その海が、すごかったです。

私の生まれ故郷は瀬戸内海に面しています。瀬戸内海の穏やかな海が私の中で普通の海です。波は一つ一つ、小さく陸へと寄せてきます。

それが鎌倉の海は、沖のほうから海全体が陸に向かって流れていて驚きました。海が移動している、という感じです。波が一つ一つ寄せるのではなく、波が何百、何千と集まって、海自体が動くのです。見ていると不思議な感覚になりました。海は生き物なのだな、と思いました。

しばらく海の神秘を見て、そろそろ戻ろうと思った時に、どうしてももう一回観音様のお顔を見たくなって再び観音堂に入りました。

あ〜、やっぱりここの観音様は人々の信仰心の為に中に入っていらっしゃるんだな〜、と見上

げていたら、

「帰ったのではないのか」とお坊さん仏像が言います。

「帰る前にもう一回お顔を見たくなりました」そう言うと、お坊さん仏像は、

「フフフ」と声に出して笑っていました。

そこでまたリアル空海さんをじぃぃぃーっと食い入るように見つめていたら、

「その仏像が好きだな」とにっこりしていました。

お坊さん仏像は2回も座主になった人ですから偉い方なのだと思いますが、私の印象はきさくなおっちゃんで、この高僧も好きです。行かれた方は話しかけてみるといいです。実写版ですので、感じ取りやすいかもしれません。

お寺の入口付近には弁天窟という洞窟もありますが、江島神社のところで書いたように、霊感が強い人は注意が必要かと思います。

長谷寺というお寺は、奈良県のほうは枕草子などで存在することを知っていましたが、鎌倉にあるのは知りませんでした。高徳院に近いから行ってみるか〜、と拝観してほっこりしたひとときを過ごさせてもらいました。

観音様や阿弥陀様も良かったのですが、何と言っても目玉はお坊さん仏像とリアル空海さんでしょうか。とても楽しかったです。

●銭洗弁財天宇賀福神社　〜効果的なお金の洗い方と白ヘビ

坂道をてくてく登って行くと入口があって、それがいきなりトンネルになっています。もうその時点で「ごりやくありそう」と思ってしまう入口です。

トンネルをくぐると鳥居が並んでいて、そこを通って境内の中心部へ行きます。

私が参拝したのは平日でしたがそこそこ混雑していました。神社自体はそんなに大きくありませんし、境内も広いとは言えないのですが、有名なのでしょう。人が多かったです。

ここは最初に社務所でお線香とロウソクのセットを購入して、そ

の時にお金を洗うためのザルを借ります。

まず本社（境内にあった案内図の名称に従っています）でご挨拶をしましたが、本社に神様はいませんでした。本社横には洞窟があって、そこが奥宮になっています。

洞窟、と言っても小さなほら穴ではありません。規模が大きい洞窟です。足を踏み入れる前から漏れてくるパワーをひしひしと感じました。

内部は外から見てこれくらいの広さだろうという想像を超える空間になっていて、水が右側から左側へと流れています。入って右手奥にお社があり、そこにはとても大きな白いヘビがいました。

力が強い眷属のように見えましたが、この白ヘビの親分が見当たらず神様としてここにいるのかもしれません。後から上之（かみの）水神宮の神様に聞くと、この大きな白ヘビは洞窟内にいるたくさんの小さな白ヘビのボスだということでした。

洞窟に入った直後は何が何だかよくわからなかったので、とりあえずお社にいる大きな白ヘビに手を合わせました。人が多くて長々と手を合わせるというわけにはいかず、ご挨拶だけにしました。

洞窟内はお社スペースの右半分が狭く、左半分が広々としています。左奥にはお金を洗った後のザル置き場もありました。とにかく洗ってみよう！　と思いました。

まずコインを左半分の広いコーナーで洗いました。いろいろと実験をしたかったので、「このコインだけを洗って下さい」とお願いしました。こちらのエリアは広いので隣りの人との間隔も十分にあって洗いやすく、みんなこちらでジャブジャブと洗っていました。

しかし水は右側から流れてきています。つまり、右側が上手（かみて）ということです。しかも大きな白ヘビは右側コーナーにいるのです。こちらのほうが、ごりやくがありそうだと思いました。

狭い右側でもお金は洗えるようになっています。狭いのですが、こちらはお社の真ん前で洗うという位置です。ここで同様に洗ってみました。このコインだけを清めて下さい、と言って。

こうして洗い終えたコイン2枚をじっくり

見ると、右側エリアで洗ったコインのほうが明らかに浄化効果が高かったです。お金にこびりついている念の垢の落ちがいいのです。キレイさっぱりすべて落ちていて、ピカピカに生まれ変わったコインになっていました。左側で洗ったものも、落ちてはいるのですが……う～ん？　かすか～に薄～く残っている？　という感じでした。

そこで今度は右側狭いほうでお札を洗ってみました。千円札です。

え～！　識子さん、せっかくだから万札を洗えばいいのに～、それが何倍にもなって返ってくるんですよ？と思われた方がいらっしゃるかもしれませんが、私にそんな勇気はないです。

破れたらどうしよ～とか、洗ってぶわんぶわんになったお札を使う時に、偽札と疑われたらどうしよ～とか考えまして……（笑）。小さいわぁ、私って、と書いていて今改めてそう思いました。

右側で洗うと、お札でもやっぱりスッキリさっぱりと、すべてキレイに落ちていました。

この差は何だろう？　と不思議でしたが、この時はまだわかりません。大きな白ヘビの近くで洗うからかな？　くらいにしか思っていませんでした。

洞窟を出て七福神社は軽くスルーし（特別な意味はないです。普段から摂社末社は失礼していることが多いのです、私の場合）、下之水神宮を通って上之水神宮へと行きます。

参拝客のほとんどの人はお金を洗うと満足するのでしょうか、この上之水神宮にお参りする人は少なかったです。

神様はこのお社に鎮座されていました。幸い私はここで1人だったので、いろいろとお話を聞かせてもらいました。

「この神社ではお金の念の垢を落としてくれるのですね？」とまずここを確認をしました。上之水神宮にはため池のような場所があって水が流れています。その水を見ながら、

「水が聖水なのかな？」と思いました。

神社背後の岩から水が浸み出しているようで、それがお社の横を流れているのです。湧水に神様の波動が移って、その水の力で落とすのだろうか？　と思いました。すると、

「水が念の垢を落とすのではないぞ」と神様が言います。

念の垢を落としているのは、なんと！　白ヘビなのだそうです。

上之水神宮

「えええーっ！」と、完全に想定外の答えでした。

「水が落とすのであれば、滝の水で洗っても落ちることになるであろう？」

「あっ、そうか。そうですね！　滝の水でも手水舎の水でも、神域なら水道水でも落とせるってことになります」

違うのだそうです。白ヘビが「祓って」落とすということでした。

そう言われた時に、イメージとして小さな白いヘビが見えました。自分の体をくねくねと使って垢を落としている姿です。へぇ〜、自分の体を使うのか〜、とそこまでして人間のお願いを聞いてくれることに驚きます。

神社やお寺の境内にあって、お金を洗うと良い場所とされていても、そこに白ヘビがいなければ念の垢は落ちないのだそうです。ただ水で洗うだけだと言っていました。

そうなんだ！　と初めて知りました。これは白ヘビのお仕事というか修行なのでしょう。そのためにあの洞窟には小さな白ヘビがたくさんいるということでした。そしてその小さな白ヘビをまとめているのが、洞窟のお社にいた大きな白ヘビなのだそうです。

白ヘビは弁天様の眷属でもあるので、お金を洗うところに弁天様がいれば白ヘビは少なくとも1体はいると思います。他の銭洗池で白ヘビがいるかどうかわからない時は、弁天様像があるかどうかで判断するといいです。

ここで、私が実践して獲得した効果的なお金の洗い方を書いておきます（神社が勧める方法とは違うかもしれません。私独自のやり方になります）。

①洞窟に入ったら、まず親分である大きな白ヘビのお社にご挨拶をします。自己紹介です。本社に神様はいませんでしたので、本社は形式的な2礼2拍手1礼で大丈夫です。本気の自己紹介は洞窟内の白ヘビにします。

②一旦、お社の神前から離れて（後ろに人が並ぶだろうと思いますので、神前を譲ります）、ザルに洗うお金を入れます。

③それを持ってふたたびお社の前に行き、神前にある台の上にザルを置きます。そこで2拍手して、これをお金の代表として洗って下さい、清めて下さい、念の垢を落として下さい等、しっかりとお願いをします。願掛けが終われば2拍手で締めます。

④洞窟右側の、お社の前の狭いスペースでお金を洗います。あちらの世界では水をかける回数などは決まっていませんから、自分が「よし！　これでＯＫ！」と思うまで洗っていいです。水分を拭くのも、ティッシュでもハンカチでも何でもいいです。

⑤使用したザルはちゃんと〝丁寧に〟片付けます。

最初からザルにお金を入れて、それを持ってご挨拶……というのは失礼に当たりますから、挨拶は挨拶としてちゃんと別にやります。

どうして広いスペースで洗わないのかと言うと、広いほうは小さなヘビたちの仕事場です。小ヘビたちは修行中なので、うまくできる子ばかりとは限りません。一生懸命してくれても力及ばずで、うっすら残る場合もあります。薄皮一枚残るという感じでしょうか。

しかし、親分の大きい白ヘビのほうはちゃんとキレイにクリアにしてくれます。確実な仕事をしてくれるのです。ですから、挨拶も失礼がないようにちゃんとしたほうがいいです。

ネット情報によると、洗ったお金は使ったほうが良い、ということになっているそうです。私は大切に自宅に持って帰りました。せっかくキレイにしてもらったお金ですから、手放すのはもったいないと思いました。代表で洗ってもらったので、私が持っているお金は全部キレイになっているということなのですが、シンボルとして持っていたかったのです。現在、縁起物と一緒に飾っています。

後から知ったのですが、売店では卵を売っているそうです。上之水神宮の神様は違いますが、洞窟内のお社にいるのは白ヘビなので、卵は喜ぶと思います。私は知らなかったから買いませんでしたが、何個か余分に買って、「小ヘビさんたちの分です」とお供えすると喜んでもらえるのでは？　と思います。

私が参拝した時は中学生の団体がいました。みんな、せっせと一生懸命洗っていて「お小遣いが千円増えますように」とか何とか願をかけているのかと思うと、欲のなさに心がほんわかしました。小ヘビさんたち、頑張って～！　と応援しながら神社を後にしました。

第六章
鹿島と香取の関係

●鹿島神宮　〜3次元で教わった鹿島神宮の疑問点

神社に着いたのは朝の8時で、まだほとんど参拝客はなく境内はガラーンとしていました。

入口でまず境内図を確認しました。ふむふむ、拝殿があって、その後ろに本殿なのね、奥宮も敷地内にあるのね、そこを右折して要石(かなめいし)へ行くのね、とその位置を覚えます。

それから楼門をくぐり、とりあえず拝殿から撮影しておこうとカメラを向けていると、

「あ！　それは違うよ！」と明るく声をかけられました。

「え？」と見ると、ウォーキング中と思しき男性が私に駆け寄ってきます。

「それね、みんな間違うけどね、本殿じゃないよ」と、人の良さそうなおじさんです。

あの〜、おじさん、私それ知ってるんです、さっき案内図を見たので、とは言えず、

「そうなんですね」と答え、おじさんの親切を無にしないためにカメラはしまいました。すると、

「こっち、こっち」と、おじさんは手招きしつつ、拝殿の右横の狭い部分を奥へ行きます。

素直について行くと、狭い部分の一番奥は本殿とご神木が見える場所になっていました。

「ここが本殿とご神木に一番近いんだよ」

見ると、すぐそこに本殿とご神木があります。

おじさんは、震災で傷んだ部分の修復に2年半かかったとか、本殿は徳川秀忠が建て奥宮は家康が建てたとか、奥宮のご神木は触れるとか、ざっと鹿島神宮について説明をしてくれました。

さらに、

「ちょっと待ってて」と、どこかから境内マップを取って来てくれました。そのマップが見やすくて後から1人で歩くのに助かりました。

ひとしきり話をしてくれて、良かったら案内しようか？　とまで言ってくれましたが、丁重にお断りすると風のように爽やかに去って行きました。こないだ青森から来た人がとか、四国から来た人がとか話していたので、ボランティアで案内をしているようです。

1人になってそこでじっくり感じてみると、ご神木から強くて良い波動が流れてきます。神様並みの波動です。高波動が流れて来るのはご神木と「本殿の屋根の部分」からだけで、ん？　とよく見ると、壁部分は黒塗りなのでした。

ここは、離れているのにご神木のエッセンスが届きます。波動に乗って届くので少し距離があっても浴びることができるのです。それだけご神木の力が強いということで、神様が時々宿っているのかな、と思いました。鹿島神宮でのパワスポはまさにこの場所です。本殿の神座の背後になるらしいのですが、関係ないです。

拝殿前には「本殿はこちら」と左側に導く案内があります。後から書きますが、案内係のおじさんも「本殿の写真はここで撮るといいよ」と左側を案内していました。ですから、ウォーキングのおじさんに教わらなければ、私は右側のこの場所には行っていないと思います。

左側は本殿とご神木から距離があって、波動も届きにくくパワスポではありません。ただ、こちらのほうがキレイに写真が撮れます。「見るスポット」は左側なのです。「立つスポット」は断然右側で、恩恵がいただけて濃い波動がもらえます。

ウォーキングのおじさん、ありがとう！　と感謝しました。

それから境内を奥へと歩いて、さざれ石を見て、鹿を見て（神使なので鹿が多く飼われているのです）、奥宮に到着しました。

奥宮の前にあるお店の人が、観光客の私に、「おはようございます」と挨拶をしてくれました。

朝の挨拶はいいですね。とても爽やかな気分になりました。特に神社仏閣での挨拶は嬉しいです。私も「おはようございます」と答え、爽やかな気分をありがとうございます、と心の中でお礼を言いました。

さて、その奥宮ですが奥宮なのに、なぜか波動が薄く「？？？」と首をかしげました。普通は奥宮のほうが強くて濃いのです。しかもここは、何かこう空っぽな雰囲気で変だなと思いました。社殿の裏のご神木のそばにも行ってみましたが、「ご神木……なん？」と言うほど普通の木です。本殿裏にあったものと神々しさに差があり過ぎます。

奥宮なのにこの薄い感じは何で？　と疑問のまま、要石へと行きました。

鹿島神宮の境内は広くて自然の木々が気持ちいいです。のんびり歩いていると、神域に自分がなじみ、神様と繋がりやすくなります。

ここの神様は大地系です。めったにいない大地系ですが、大地に元々いる大きな神様です。

この神様は独特の雰囲気を持っていて大地がパァーッと広がる感じというか、神域内にいると広大な場所に立っているように感じます。アメリカなどでよく見る荒野にいるという感覚になるのです。この大地の神様は日本の土地の重要なところにいるとのことです。

大地には大事な場所があって、その土地の上に建物を建ててはいけないところがあったり、その土地の上に人間が住んではいけない場所があったり、一切いじってはいけないというエリアもあるそうです。

そのような場所に神様がいて、そこに神社を建てさせて土地を守る、という場合もあるのだと言っていました。将門さんの首塚もそのような種類の土地なのだそうです。


この神社の奥宮のもっと奥には「要石」というものがあります。

公式ホームページによると、【地中深くまで埋まる要石が、地震を起こす鯰(なまず)の頭を抑えていると古くから伝えられています。水戸の徳川光圀(みつくに)公がどこまで深く埋まっているか確かめようと7日7晩にわたって掘らせたものの、いつまで経っても辿り着くことができなかったばかりか、怪我人が続出したために掘ることを諦めた、という話が黄門仁徳録に記されています】と、書かれています。

その要石の周囲は清掃が行き届いていてとても気持ちの良い場所となっていました。こちらもおじさんが1名、竹箒でせっせと落ち葉を掃いていました。挨拶をして、石の近くへと寄ってみました。

私の個人的な感想としては……ただの石でした。

地震を押さえているって石なんだよね、7日7晩掘り続けても下が見えないって話なんだよね、とは思うのですが、そんなパワーを持っている石には感じられず、掘ってみたいよなぁとバチ当たりなことを思いました。

私がまじまじと石を見ていたからか、おじさんが話しかけてきました。

「1円玉を投げて、石のくぼんでいるところに入ればラッキーなのですよ」と。振り返るとにこやかにおじさんが立っています。

「挑戦してみたらどうですか？」

「え？　大事な石なのに1円玉を投げてもいいのでしょうか」

「いいよ、いいよ、ここはね、午後になると1円玉だらけになりますよ」

この人は普通のおじさんではないようで、よく見たらおじさんは神社の観光案内の人でした。赤いジャンパーを着ています。

では本当にいいのだなと思ってお財布を見ると1円玉は2枚きりで、超人的にコントロールが悪い私はどちらも大外れでした。雨の日はくぼみに水が溜まっていて跳ねないので入りやすいとか、ワンバンして入れるといいとか、警備の人が目の前で入れたことがあるとか、おじさんはそのような話もしていました。

そこから鹿島アントラーズの話になり、アントラーズはツノのことね、という話から鹿の話題へと発展していき、奈良の鹿のルーツはここの鹿である、と興味深いことを言います。

「鹿島の神様と一緒に行った鹿が向こうで繁殖したんですよ」

へぇ〜、それは面白いな、と思いました。

「では、奈良の春日大社はここの神様なのですか？」

「そう。ここからね、鹿に乗って行かれたのです」

へぇぇぇ〜！　と、驚いていると、案内しましょうか？　と言ってくれました。しかし、人とペラペラしゃべりながら神様の声は聞けないので、「1人でのんびり写真を撮ったり、自分のペースで回るのが好きなんです」と失礼にならないよう丁寧にお断りしました。

親切はできるだけ受け取ったほうがいいのですが、本に書くためには神様にお話を聞かねばなりません。おじさん、ありがとう、すみません、と心の中で謝りました。

おじさんは笑顔で、ゆっくりして行って下さいね、と言い、再び参道のお掃除をせっせとされていました。

私は要石をじっくり見て、撮影をして、そのあたりもブラブラと散策して、それから来た道を引き返しました。途中でおじさんを追い抜く時に、お礼を言って奥宮へと向かいました。

まだまだ参拝客は少なく、参道も人がいなくて広々としています。

そこでまた神様にお話を聞きました。

「あの石が地震を押さえているって本当ですか？」と質問すると、

「後からつけた話だ」と神様は笑っていました。どうやら要石は後付けのようです。

そこで奥宮に着いたので思考が奥宮になり、なんで奥宮なのにこんなに「気」が薄いのか？　こっちのご神木はご神木と言っていいのか？　家康さんが建てたにしては力がないのはなぜなのか？　秀忠が建てたほうが力があるとはどういうことか？　と質問がごちゃごちゃと頭の中に浮かびました。

さらに、春日大社がどうしてここの神様を勧請したのか？　というか、それっていつ？　大昔だったら家康さんの社殿が建つ前の話で、ということはその頃の神社ってもっともっと小さかったのでは？　そんなに小さな神社をどうして奈良の都に勧請する必要があったのか？　え、待って待って、そもそも家康さんがなんで社殿を建てたの？　と、うわぁ、自分の頭の中が整理できないっ！　さあ、どれから聞く？　という状態になっていました。

落ち着け落ち着け、とりあえず聞くのは重要な質問からで、それはええーっと……と考えようとしていたら、突然背後から声をかけられました。

「知っていますか？　あれ」

さっきの赤いジャンパーの案内係のおじさんです。振り向くとおじさんが、

「ここ、ここに来て、この場所に立ってみて」と私の少し先まで小走りで行って、そう言います。

あの～、おじさん？　私いま取り込み中でして……と思うのですが、

「ここ、ここ。ちょうどここですよ」とおじさんは何やらワクワクと楽しそうです。

先ほど、私は1人ぼっちが好きである、と案内をお断りしました。それはつまり暗に、放っておいて下さいね、ということであり、おじさんもニュアンスを理解していました。私が落ち葉を掃いているおじさんを追い抜いて挨拶した時、サヨウナラという雰囲気を混ぜていましたし、おじさんもこの先の旅もお気をつけて、みたいなことを言ったのです。その時点で完結していたのです。

それなのに、わざわざ私を追いかけて来て（鹿島神宮の境内は広いです）、声をかけているのです。私が若いお姉ちゃんなら、まあ、別の意味があるのかもしれませんが、50過ぎたオバハンです。別の意味もまったくなく、しかもまた断られることは自明の理で、普通であればどんなに話好きの人でもそんなことはしないと思います。

神様だな、と思いました。

神様が間に入っているのなら、おじさんの案内を聞いたほうが良さそうです。私は素直に言われた場所に立ってみました。そこは、カシの木の枝がハートの形を作っているように見えるポイントでした。

「さあ、写真に撮って撮って」

「はいはい」とこれも素直に従うと、

「今度はね、こっちこっち」少し離れた場所に立って私を呼びます。そこからもハート型を作っている枝が見られるのでした。

おじさんによると、最初のハートはテレビで紹介されたこともあるし、パンフレットにも掲載されたのだそうです。しかし2つめのほうは、

「私がね、見つけたんですっ！」と、鼻息荒く言っていました。だからオリジナルです、誰も知りません、と。もちろん写真に撮りました。

そこからおじさんは流鏑馬(やぶさめ)の説明をしてくれながら一緒に歩き、拝殿前に着きました。本殿の写真はここからが一番ですよ、と左側に連れて行かれ、

「さあ、写真をどうぞ」と言うので、はいはいとシャッターを切りました。

計画ではそろそろ息栖(いきす)神社に向かう時間です。おじさんにお礼を言って……と思ったら、

「では、宝物館に入りましょう！　そこで詳しい説明をしますから！」と、おじさんは張り切っています。

いや～、スケジュールが～、とは思いましたが、おじさんはスタスタと宝物館へと入って行きます。普段だったら、「ごめんなさい、時間がないんです」と正直に言いますが、今回は神様の意向が感じられたので宝物館の見学もしました。

宝物館は入ってすぐのところに空撮のパネルがあります。昔は陸路ではなく水路を利用して船

で境内に入っていたそうで、 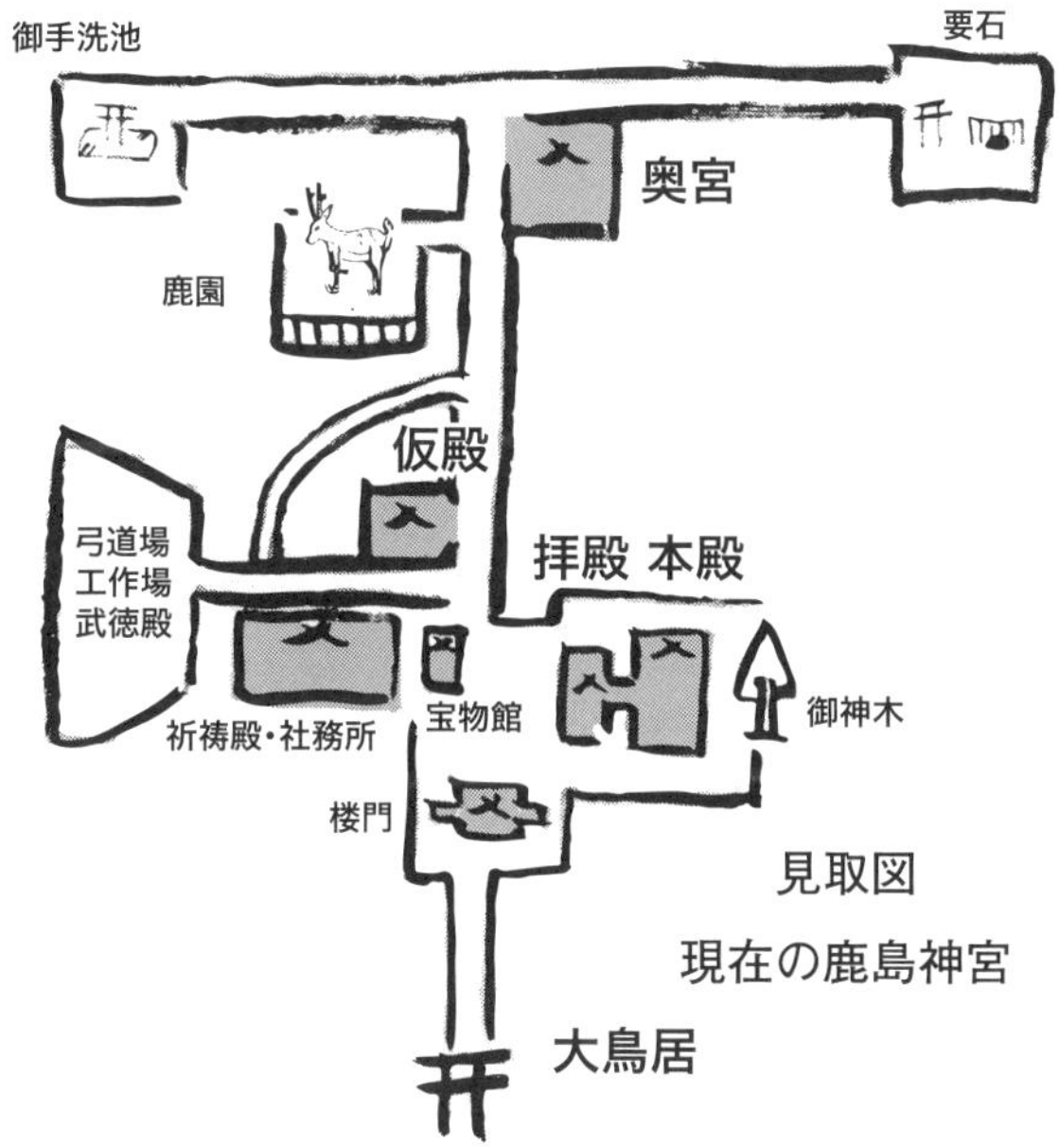
「この川をこちらから、こういうふうに入っていました」と詳しく説明をしてくれました。船着場には池があり、そこで禊（みそぎ）をして参道を歩いたのだそうです。

驚いたのは、昔は入口が逆だったそうです。

現在の奥宮のほうが入口となっていて、長い参道を歩いた一番奥（現在の本殿がある場所ですね）、ここが奥宮だったと言うのです。今、本殿と言われている場所はもともと奥宮なのです。

「え？　ということは、昔から神様はずっと本殿の場所にいて、動いていないのですか？」

「そうです」

家康さんが建てた社殿を秀忠が新しく建て直すというので、家康さんの社殿を移築しそこを奥宮にした、ということでした。

つまり神様は、現在の本殿が奥宮と呼ばれていた昔からずっと同じ場所にいるのでした。

そうか、そういうことだったのか、それで現奥宮には力がなかったんだなとわかりました。

窓口の側面には春日大社にあるという複製画がありました。

神官が鹿と一緒に歩いている絵です。その鹿の背中に神様が乗っているという説明でした（絵の鹿の背中には何も描かれていません）。

不思議なことに、それが何とも神聖な雰囲気のある絵で、ああ、これは事実を描いているのだなとわかりました。神様は本当に鹿に乗って奈良へ行かれたのだと思います。

どうして関東の端っこから遠い奈良まで勧請されたのか……。

おじさんの説明によると、鹿島の神様は元々このへんの氏神だったのではないか、と考えられているそうです。私の感じたところでは大地の神様ですから、氏神の大親分のようなもので、氏神説は外れてはないなぁと思いながら聞きました。

藤原鎌足の家系がこの地の出身と考えられており、何か神事をするたびにわざわざここまで来るのが大変、ということで、息子の不比等が奈良に勧請したのではないかと、そのように考えられているそうです。

「なるほど～。それは納得できる説ですね」

「だから言ってみれば、鹿島は藤原家の神様なんですよ」

藤原道長の娘の威子（いし）は、男の子が生まれるようにとこの鹿島の神様に願を掛けたのだそうです。

水晶玉を贈って祈願したという話で、その水晶玉を宝物館で見ることができます。1000年前の水晶玉です。しかし祈願は叶えられず、男の子は授からなかったそうです。

先ほど書きましたが、奥宮となっている社殿は家康さんが寄進しています。それはどうしてかと言うと、時代が下っていくと鹿島神宮は戦いの神・武神となったのだそうです。家康さんはまだ松平姓を名乗っていた頃からこの神社を信仰していて、関ヶ原の合戦で勝利した後、慶長10年（1605）に本宮社殿を奉納しています。

なるほど〜、と自分の感覚だけで知る神様ではなく、こういう歴史の中での神様を知ることも面白いと思いました。

おじさんは他にも、鹿島神宮が北を向いている話とか、沖田総司の剣の話とか、国宝のお話をしてくれました。しかし、本格的に時間が押してきたため、

「すみません。この後、息栖神社、香取神宮、成田山新勝寺を回って東京に戻り、そのまま関西まで帰るんです〜」と言うと、

「そりゃ大変だ」とおじさんは私と一緒に宝物館を出ました。そのままお話を続けながら門を出て、駐車場まで送ってくれました。

最後に、鯰を抑えている要石の話もしてくれました。

この話は江戸中期にできたと考えられているのだそうです。なぜかと言うと、芭蕉は鯰につい

て一切触れていないのに、１００年後に来た一茶は鱠について触れていて、この間にできた話だろうという説が有力だと言っていました。

神様も後付けだと教えてくれましたが、具体的に説明されるとさらになるほどと思えます。

実は息栖神社はパスしてもいいかなと思っていたのですが、おじさんが突然、息栖神社は絶対に行くべきだね！　と言うので、そうか、それは行ったほうがいいな、と参拝することにしました。

今回のように神様が人間を介して、じかに3次元で説明してくれると話が早いです。これを全部神様から教わるとなると、相当な時間がかかります。イメージを見せてもらっても、そのことについて、こちらからあれこれといくつか質問をしなければ全貌がわかりません。時間はかかるし、細かい部分まで知ることは不可能だったのではないかと思います。

私の頭の中にはごちゃごちゃとたくさんの質問がありました。神様がそれにすべて答えようにも、何もかも瞬時に理解できるほど能力が高くないので、おじさんを使ってちゃっちゃと教えたのだと思います。神様と直接交信しただけでは見えてこない部分もいろいろと伝えてもらえて、ありがたかったです。複雑なこと、多くのことを伝える時はこういう教え方もあるんだな、と思いました。

●息栖神社　～お稲荷さんに聞いた神様の役割

鹿島神宮でおじさんが東国三社とか何とか言っていたので、そこそこ大きな神社だろうと想像して行きました。

境内に入って、「ち、小さ……」と失礼なことを一番に思いました。鹿島神宮の後に行ったので、余計小さく感じたのです。そして東国三社なのに「人がいない……」とも思いました。閑散とした境内でした。

しかし、不思議とほんのりふわふわした丸～い場所、という感じがしました。

この神社でいくら呼びかけても神様はわかりませんでした。見えないし聞こえません。しかし波動は、うまく言葉で説明ができませんが、物事を丸くいかせる、というものでした。丸く収めるではなく、丸くいかせる、です。

夫婦の杉の木もありましたが、これも夫婦仲良しというエッセンスではなく、丸くさせるという効力がある木でした。

境内にあった説明板を読むと、この神社は「おきすの社」と呼ばれた水の神だそうで、土地もおきすの津（港）と呼ばれた船着場だったそうです。海上守護・交通守護の神様というようなことが書かれていました。

しかし、どう見てもどう感じても違います。はて？　と迷路に入り込んだような気持ちになりました。

この神社の入口にはお稲荷さんのお社があります。

お稲荷さんは悪いけどパスさせてもらおう、と思っていたのですが、さっぱりわからないので、このお稲荷さんに聞くしか方法がありません。そこで手を合わせに社殿の前に行きました。

このお稲荷さんも力があるお稲荷さんです。真っ白のフワフワのキツネ姿でどっしりと大きいお姿でした。

神様のことを聞いてみるとお稲荷さんは、自分は息栖神社には後から来た、ということを教えてくれました。創建時からい

るのではないそうです。

「ワシもよくは知らぬが……」と前置きをしてから話してくれました。

交通の神様とされたのは後からのことで、水上交通が発達してから交通の神様となったが、それより以前から神様はいた（神社はあった）そうです。

神話では鹿島神宮の神様と、香取神宮の神様の道案内の人、となっているらしいのですが？　と質問をすると、それも違うと言っていました。

ここの神様は、鹿島と香取の神様を丸く保つ役目をしていると言います。

「仲裁とは違うぞ」とのことで、鹿島と香取がケンカをしているわけではない、と言うのですが意味がわかりません。

うまく丸く保つ、そのような役割の神である、と言います。

バランス？　と私は思いました。鹿島神宮と香取神宮は何かバランスを取る必要があるのかもしれません。力関係でしょうか。

何が何だかさっぱりわからないままでしたが、とりあえず鹿島神宮と香取神宮の間に立つ神様だということはわかりました。教えてくれたお稲荷さんにお礼を言って、香取神宮へと向かいました。

●香取神宮　～鹿島神宮と香取神宮の関係

ナビの誘導で、旧参道側というか裏手の駐車場に着きました。そこから入ると、要石（かなめいし）と奥宮という表示が目につきます。あ、じゃあ、そちらから行こう、というわけで要石を先に見物しました。

要石の回りは大木だらけでちょっと鬱蒼とした感じが漂っていますが、鹿島神宮の石よりこちらのほうが本物感あるな～、と私はそう思いました。この場所は土地に力がありましたが、う～ん、はっきり言います、石は石でした。特別なパワーは感じませんでした。

そのまま進むとお社があって、先ほどみた表示からそこが奥宮だと勘違いしました。手を合わせてみましたが神様はいません。空っぽです。

というか、ここは神様のいる場所じゃないんだけど～？　と非常に違和感を覚えたのですが、それもそのはずで、そこは護国神社だったのでした（後からわかりました）。明治以降の国難に殉じた香取郡出身の御霊を御祭神としているのだそうです。

さらに進むと広い参道に出たのでそのまま本殿に向かいました。

本殿手前の楼門には菊祭りで見るような菊のオブジェが飾ってあって、パシャパシャと写真を撮り、では、と楼門をくぐって……驚きました。

拝殿が黒塗りなのです。本殿の壁も黒塗りでした。

妙義神社で教わったので、眷属が怒っているのかと思いきや、ここは穏やかで怒りの「気」などはまったくありません。

神様は境内におられましたが本殿・拝殿には入っていませんでした。

ただここは本殿の壁の一部が白いので入ろうと思えば入れるのだそうです。だが長くは居ることができないと言っていました。完全に真っ黒に塗っていたらまったく入れないということです。やはり黒い色の波動のせいです。

どうしても気になったので授与所にいた関係者の人に、いつから黒塗りなのか、そこだけを聞きました。

香取神宮の現在の拝殿は昭和15年に完成したのだそうです。
神社の初期は白木造だったそうで、元禄時代に建てたものが朱色を施した拝殿、そして昭和に黒塗りの拝殿になったということでした。
本殿も最初は白木造だったと思われます。

黒塗りはやはり仏壇のような霊的感覚があって、太陽の光のような波動の神様とは合いません。

元禄時代の旧拝殿はそのまま境内に残されているので、神様は呼ばれた時はこちらの拝殿に入っていると言っていました。普段は奥宮にいるのだそうです。

え？　奥宮？　さっき行ったけどあそこにいるの？　と思い、ここの神様をもっと知りたかったので、もう一度参道を先ほどのところまで戻ってみました。すると手前の案内板に「護国神社」と書かれていて、先ほどのお社は奥宮ではなかったことを知ったのでした。

では、本物の奥宮へ！　と改めて奥宮の位置を確

認して行ったのですが……はっきり言って、非常にわかりにくかったです。
ポイントとしては、要石から左へ左へと道を選んで行くとたどり着くことができます。

奥宮への石段を上がりきると、目の前にはお社へと続く参道が伸びています。スーッと涼やかな「気」がお社から流れてきます。神様はここにいました。

この神様は古代からいるとても大きな神様です。鹿島神宮と並ぶ大きさです。なのにこんなに小さなお社で寂しい場所に……と思うと、おいたわしやという感情になりました。

しかし、よくよく考えると静かな奥宮にいる神様も多いので、これはこれでいいのであって、私ごときがどうこう思うものではないのかもしれません。

別の見方をすると、この至近距離で大きな神様の桁違いの波動をふんだんにもらえるわけです。ものすごくラッキーだと言えます。ここでは神様を独り占めできるからです。

香取神宮の神様は、古代、舟が交通手段となる頃に海上安全の神様として崇められたのだそうです。「舵取り」の神だった、ということでした（調べてみたら本当に香取は舵取りからきたという説がありました）。

しかし、それ以前は……というか、本来は海の神様です。鹿島灘一帯の広い海（外海）を守り、海の環境などを調整している神様です。ですから本当なら海辺にいるべき神様なのです。

太古の昔は、正しい位置とも言える海岸べりにお社があったそうです。その小さなお社から今の地に移されたと言います。この土地にはパワーがあるので、大きな海の神様を祀るにはここが良いということだったのかもしれません。

内海の安全と内海自体を守ってもらう（昔は内海が大きかったようです）、海上交通安全を祈願するための神様ということで遷座させられたようでした。

鹿島神宮の神様は大地の神様です。そして、この香取神宮の神様は海の神様です。

香取神宮の神様を現在地に移したことにより、大地の神様が海寄りに、海の神様が大地寄りになるという、位置が逆になってしまいました。

鹿島神宮・香取神宮・息栖神社の位置関係

三社はほぼ正確な直角二等辺三角形の頂点に位置する

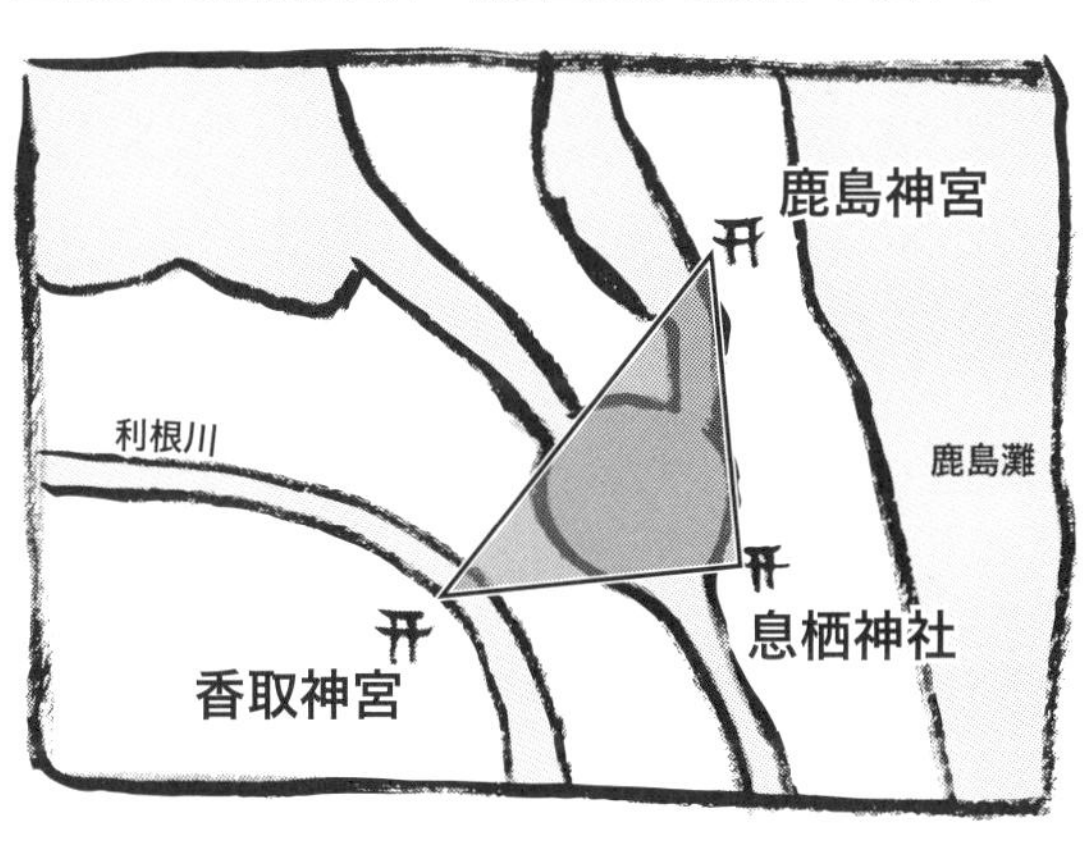

大地を守る力を発している鹿島神宮は陸地に向けてパワーが大きく働き、海を守る力を発している香取神宮は大海へ向けてパワーが大きく働きます。すると、両神宮の中間で力がぶつかってしまいます。

その衝突を避けるためには、２つの力を丸く回す、バランスを取る必要が出てきます。その役割のために息栖神社が作られたそうです。

どのように衝突を回避しているのか、その方法までは教えてもらえませんでした。

２つの神社の位置を見えない世界でくるっと変えているのか、波動を上と下にして同じ面を通らないように立体交差させているのか、はたまた次元を変えているのか、そこは不明です。

香取の神様によると、衝突を避けるために息栖神社と逆側の場所に、もう一ヶ所同じ働きをする神社が作られたのだそうです（現在の息栖神社の反対側なのか、息栖神社が元あった場所の反対側なのかは聞き漏らしました）。

４つの地点があれば、それで四角形になるというか、サークルにもなるわけです。お互いの神社の間にどちらから回っても、丸くする神社が間にあってワンクッションある、というわけです。

今はもうひとつの神社は存在していないそうですが、機能は果たされているのだそうです。香取の神様は、鹿島神宮とバランスを取らなければいけないほどの大きな神様です。この神様も古いからか、とっても包容力があって穏やかで冬の日差しのように優しいです。

拝殿では黒い色の作用で波動がもらいにくいかもしれませんので、奥宮に行って、そこで思う存分神様の波動をもらって、お話もたくさんするといいです。

ここの奥宮の清々しさ、神々しさはわかりやすいので、先に拝殿でご挨拶してから奥宮へ行き、その違いを感じてみると神様を感じる良い練習になるかもしれません。

ついでに書いておきますと、いただく質問に、黒い服を着て神社に行くのは良くないのでしょうか、というものがあります。

人間が着ている分には問題ありませんが、お葬式に行くような全身黒づくめだけは、礼儀として避けたほうがいいと思います。上着だけとかズボンだけとか、そういうごく普通の服装だったら大丈夫です。

神様は黒い波動の〝中に入る〟ことはできませんが、見る分には問題ないです。

スピリチュアルの不思議33

波動のお話

なぜ聖域で恩恵を受けていない人がいるの？

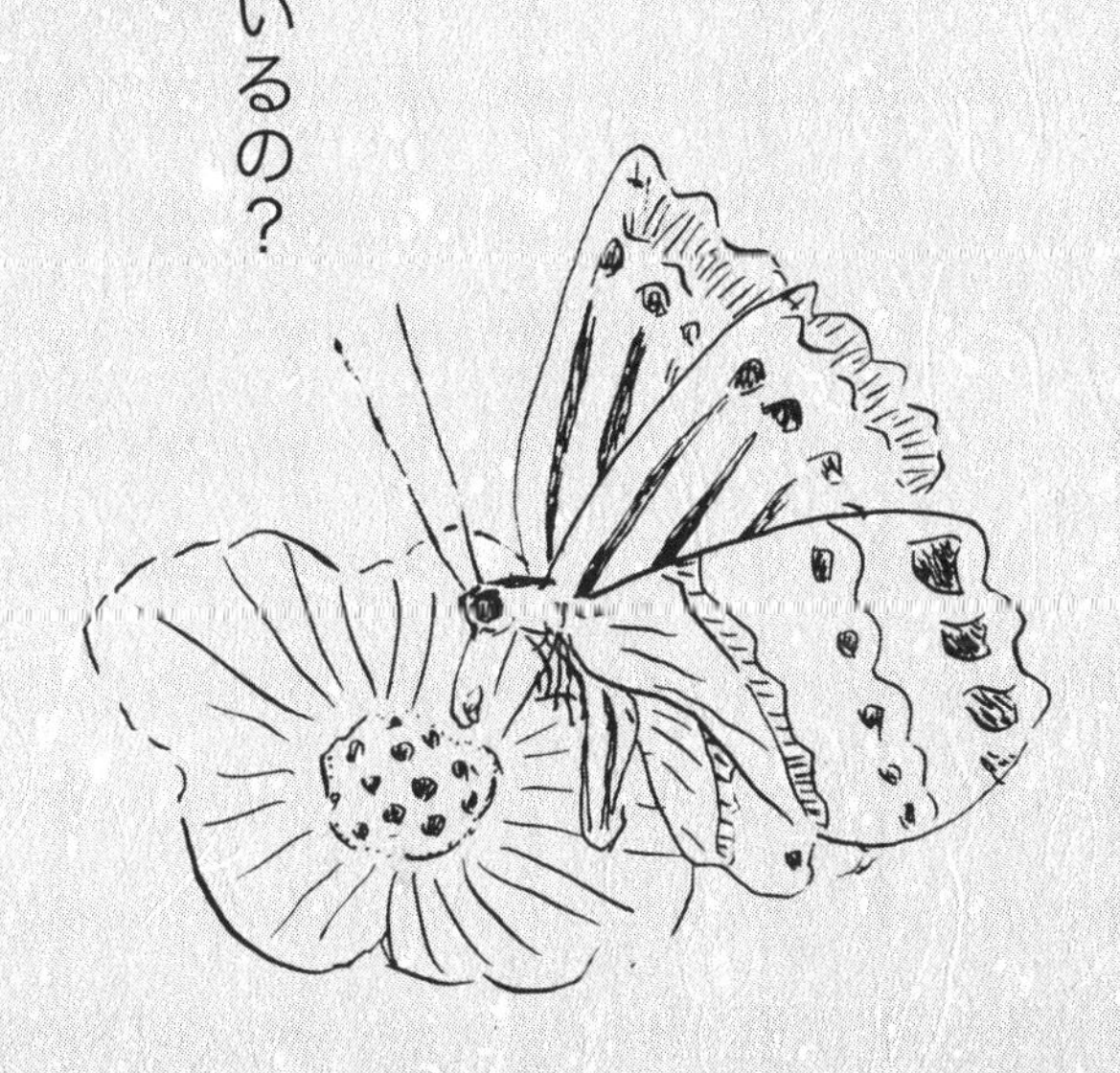

●波動のお話　〜なぜ聖域で恩恵を受けていない人がいるの？

これはたま〜にいただく質問ですが、同じことを疑問に思われている方がいらっしゃるかもしれません。

神社仏閣の境内が高波動なら、神主さんやお坊さん、関係者の人は全員波動が高いところに毎日いるわけですよね？　それってものすごく良い影響があるはずだと思うのですが、実際は性格が良くない関係者もいます。これはどういうことなのでしょうか？というものです。

識子さんが紹介しているところに行きましたが、悲しい思いをしました、というメッセージをいただくこともあります。

水子供養のために近所のお寺に写経をしに行ったら、そこのお坊さんに「はぁ？　写経で供養？」と鼻で笑われて、「そんなことで供養できるわけないでしょ！」と叱られました、泣きそうになりました、というメッセージをもらったこともあります。

私は神社仏閣の参拝時に、神職さんや住職さんに直接お話を聞くことはありません。なぜかというと、聞いたお話と自分が見ているものが違った場合、書くのに困るからです。

例えば、「この神社は龍を祀っています」というお話だったとして、実際に見るとヘビだったとすると、事実と違うことはどうしても書けませんから、正直にヘビでしたと書きます。

そうなると、私は神職さんに聞いたお話を無視したことになりますし、一生懸命聞いていたくせにまるで信じていなかった、ということにもなります。

神職さんからすれば、龍と言ったのにヘビでしたと全然違うことが書かれているわけですから、裏切られた気持ちになると思います。そんな失礼はできません。

では、名乗らずに普通の参拝客のふりをして聞くのはどうかと言うと、こっちのほうがもっと心苦しくてできません。というのは、こちらは最初から自分が見たものと神職さんの話が違っていたら無視しよう、という腹で話を聞くからです。それは人としてどうなのかという問題があります。

ですから、関係者の人にお話は一切聞かないことにしています。

これなら、どこぞの変なオバハンが勝手にやって来て、勝手に感想を書いているということですから、意見が違っていても「アホやで、このオバハン」で済むわけです。

しかし、これにはちょっとだけリスクがあって、そこの関係者の人がどんな雰囲気なのかということがわからないのです。

神仏が素晴らしいから、とブログや書籍で紹介して、実際に行った人から感想をもらった時に申し訳ない気持ちになることがたまにあります。関係者の人が非常に厳しく、高圧的に文句を言う人だったりするのです。

どうして素晴らしい神仏のおそばにいるのに、あのような態度を取る人がいるのでしょうか？　高波動でいい人にならないのでしょうか？　と質問されたこともあります。

神社仏閣は波動の高い空間です。ですが、その恩恵を受けていない人がいるのも事実です。

誰もがみんな、素直な気持ちで神様仏様大好き！　とその空間にいれば多くの良い影響を受け取ることができます。しかし、そうではない人もいるのです。

まず、神仏の存在を信じていない……というか、否定している人です。これは自分からブロックしていますので、仕方がない部分もあります。

ただ単に信じていないだけなら恩恵はもらっています。例えば、奥さんに神社参拝に付き合わされた旦那さんが「神様……かぁ、本当にいるのだろうか？　どうなんやろなぁ」という場合です。信じる気持ちがそこにないだけで、否定とか批判がないニュートラルですから大丈夫です。変な言い方ですが、心はまっさらで信じていないだけです。

「神様なんかおるわけないやろ。想像の産物やで。そんなものにすがってどないすんねん。アホか！　参拝に来てるこいつらって、かわいそうな人やで」

「宗教なんか商売や。こんなん金儲けに決まってるやろ、え？　お前、本気で信じてんの？　やめてくれよ、頼むよ〜」という場合、どちらも見下す感情が入っています。小馬鹿にしてるという言い方もできるかと思います。

このような感情は低いので、神域で低い波動を身にまとっていることになります。恩恵は受けられません。低い波動が神仏の尊い高波動をブロックするからです。

心根が良くない人も受け取れません。

極端な例で言うと、大勢が川に流されて溺れそうになっていたとします。助けて、助けて、と多くの人が叫んでいて、岸からは数人ずつしか助けられません。運良く自分はすぐに救助されて命が助かりました。「あ〜、助かった、体が冷えて寒いな」と、溺れている人はまだ多くいるのに、救助する側に加わらず、そのまま焚き火にあたりに行って熱いコーヒーをすするような人です。自分さえ良ければいい、他人のことまで知りません、という考えを持っている人です。

他人に対してイジメや意地悪をして喜ぶような人とか、同僚や友人を陥れたり裏切ったりしても平気な人とか、そのような心根がよろしくない人も恩恵は受けられないです。

ただし心から反省してその部分を矯正すれば、またいただけるようになります。

神社仏閣に毎日いる神職さんや住職さんでも、良くない感情を持って低い波動を発していたり、心が美しくないと恩恵はもらえていないのです。神様や仏様のおそばで仕事をしているからといって、神仏に心が寄り添っているとは限りません。心根が美しい人ばかりではないのが現実です。

私たち一般人は、神仏に仕える職にある人は立派な人格のはず、と無意識に思っています。しかし、参拝者を見下した態度に出たり、イライラと叱ったりする人もいるのです。

ですから、そのような態度を取られたからといって、神仏に拒否されたの？　と悲しまなくてもいいというわけです。

高波動の神仏は低い波動の幽霊を助けることができません。いくら手を差し伸べても、幽霊の低い波動が邪魔をして届かないからです。それと一緒で、いくら聖域でも低い波動を持っていたら、完全遮断の防護服を着ているようなもので、それはそれで仕方がないことなのです。

私が今まで本でご紹介した寺社では、観心寺・源九郎稲荷神社・於菊稲荷神社が、読者の方からいただくご報告メッセージで圧倒的に好感度が高いです。

素晴らしい神職さん住職さん関係者の方々に接して、「また参拝に行きたいです！」と皆さん、書かれています。

※これはこの原稿を書いている時点での、神職さん住職さん及び関係者の方の評判です。今後もずっと同じ方が神仏を守っていかれることを願うばかりですが、何かの事情で関係者が変わってしまうことも考えられます。その点はあらかじめご理解いただきますようお願い申し上げます。

神仏に仕える職にあって、神様仏様の御心に寄り添った人生を送っている方、神様仏様の手足となって〝神仏に会いに来た〟参拝者のためにできることをしてあげようと奉仕の精神を持っておられる方、心根の美しい方々は高波動の恩恵を受け続けて、どんどん霊格が磨かれていきます。

長い歴史を見てもおわかりのように、昔から僧侶には偉人が多いです。それは人格が高ければ聖域にいるとますます磨かれていき、霊格も高くなるからなのです。

そのような関係者の方に接すると、参拝した側は意識していなくてもほんわかと癒されています。そこには神仏の歓迎の意味も込められているからです。

どういうことかと言いますと、神仏は高波動の人は動かせますが、低波動の人は動かせません。

例えば、参拝に来てもらいたい人がやって来た、何とか神仏が歓迎していることを本人に伝えてやりたい場合、神仏は波動の高い人は動かせますので、優しい神職さんや慈悲深い住職さんに働きかけて言葉をかけさせたりします（波動の高い関係者の人は神仏の働きかけを受け取る能力を当然強く持っておられます）。

参拝者が話しかけると、にこやかに答えてくれたりもするわけです。それにより、参拝者は「素敵な神社仏閣だな〜、また来よう！」と思います。そこにいる神仏に対する信仰心も深まります。

ですから、関係者にそのような対応をされた人は、神仏に歓迎されていると思って差し支えないというわけです。

しかし、この逆はありません。

神仏は低い波動の人間は動かせないからです。

例えばその神仏と波長が合わない人が来ても、神仏は別に何とも思いませんし放っておきます。仮にもしも帰ってほしいと思った場合、神仏はただ、帰ってほしいな〜と軽く思うだけです。

低い波動の人間を使って嫌な目に合わせるとか、傷つけたり悲しませて帰らせるとか、そんな程度の低いことはしませんし、できません。

というか、低い波動の人間には神仏の高波動の働きかけはキャッチできないので、もともと動かせるはずがないのです。関係者に嫌なことを言われた、冷たい対応をされて悲しかったという場合、そこに神仏の意思は入っていません。ですからまったく気にすることはないというわけです。


では、たま〜にしか神社仏閣に行けない人間が、そこで毎日働く人と同じように高波動で磨かれるためには、相当な時間がかかるの？　と思われた方もいらっしゃるかと思います。


これは一律に受けられる恩恵から、さらにもっと濃くいただけばいいです。

神社仏閣でお仕事をしている人は平常心で出勤します。そこが職場だからです。それに比べ、参拝に訪れる私たちは、特別な空間に行く！　神様仏様に会いに行く！　というワクワク感ウキウキ感があります。神様大好き、仏様大好きというラブラブに似た気持ちもあります。

一番わかりやすい例えは、犬が飼い主に向かって一直線に走っていく感じ、でしょうか。「大好きな飼い主があそこにいるー！　ひゃっほー！」みたいな。

飼い主はそんな犬が可愛くて自分のところに来たら、おー、よしよし、と撫でます。その撫でる行為が波動を濃くもらうということです。

しょっちゅうその神社やお寺に行っていれば、縁もいただいていることと思います。縁を与えた人が来れば神仏も喜びます。また来たか、よしよし、と濃い波動をいただけています。

以上は受け身ですが、積極的に自分から濃くすることもできます。

神様仏様を感じよう、と感覚を研ぎ澄ませる方法です。神様を感じようとすることは高波動を感じようと自分のアンテナを敏感にするということです。それは受け取る間口を大きく広げているわけですから、2倍にも3倍にも受け取れるようになります。

さらに霊山登山をたまにでも行えば、もっと濃い高い波動がもらえます。

このように受け取り方次第で、通常よりはるかにたくさんの波動もご加護もいただけますので、そこは心配しなくても大丈夫です。

第七章　出羽三山

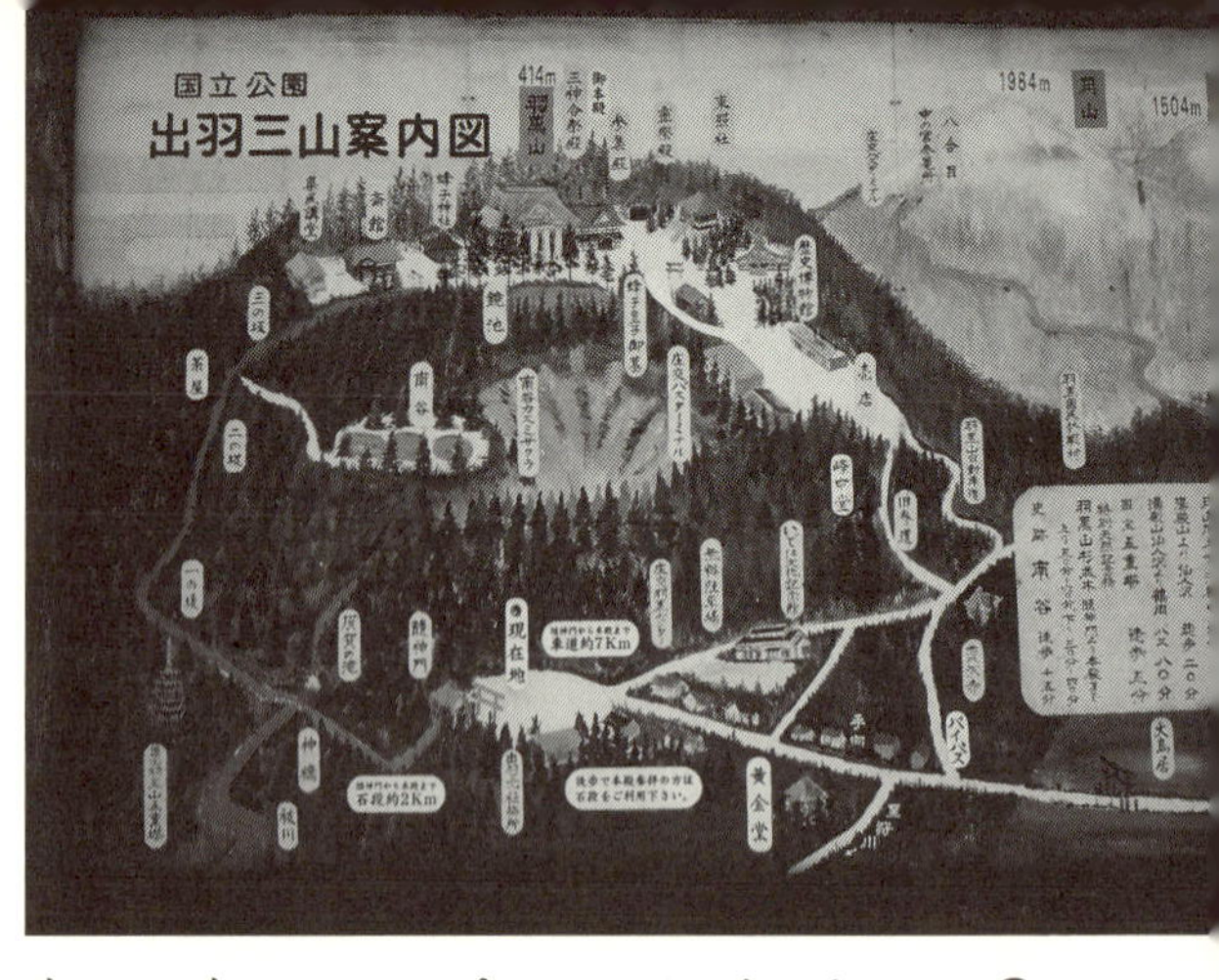

●出羽三山はあの世と繋がる場所

ブログにいただくメッセージで、お子さんに先立たれた親御さんからというものが時々あります。お子さんが早世された意味を知りたい、お子さんに何か言い残したことがあるのではないか、もしあるのだったらそれを知りたい、とそのような悩みが書かれています（メッセージにお返事はしておりませんので、そこはご理解いただきますようお願い申し上げます）。

大好きだった彼が亡くなったという方からも、彼に何か言いたいことがありそうでそれを知りたい、彼に何をしてあげればいいのか知りたいというメッセージをもらったこともあります。

夫が亡くなった、妻が亡くなった、親や兄弟が急死した、想いを寄せていた人や仲が良かった人が突然亡くなった、と愛する人を亡くされた方は一度だけでいいからもう一回、亡くなった人とコンタクトを取りたいと切実に願うようです。

私もその思いを過去に持ったことがあります。

今から書くお話はその願いを叶えてくれた出羽三山の神様についてと、その時の体験です。

この体験だけは書いていいものかどうか、ずっと悩んでいました。ブログを始めた時から悩んでいます。安易に書かないほうがいいだろうという思いがあり、月山に登った経験があるということは時々書いていますが、詳細は伏せていました。

どうしてかというと、識子さんが会えたのなら私も会えるかも！　と期待して行った人が、もしも会えなかったら申し訳ない……と思うからです。

ちょっと言葉が違うかもしれません。亡くなった人は確実にそばに来ますから、会えないのではなく、見えたり聞こえたりしなかったら申し訳ない、です。

私は見えて会話もできました。では行けば誰でも見えるのか、聞こえるのか、話ができるのか、そこがわかりません。霊感がまだそんなに磨かれていない人でもちゃんと見えて聞こえるのか……保証ができないのです。

私の体験談として読んでもらえるのであれば問題ないのですが、「では私も」と期待して行き、さっぱりわからなかったとなれば、その方は余計落ち込んで悲しむかもしれません。ますますつらいお気持ちになるかもしれません。

月山は2000メートル級の山です。私が今までで一番しんどかった登山はこの山です（新たにわかったことはのちほど詳しく書きます）。

日頃運動不足だという人はかなりつらいと思います。ハイキングと違ってれっきとした登山ですから、軽く考えて行くと山岳救助隊のお世話になってしまう事態にならないとも限りません。そして地元の人ならともかく、遠方から行くと旅費もかかります。私は高速バスで山形まで行きましたが、ものすごーく疲れました。

これはとっても不思議な現象で、このようなことが世の中には本当にあるんですよ、貴重な体験でした、と書きたいのですが、他のことと同じように書いていいものではない……というブレーキがかかって悩みに悩んでいました。で、結局書かずにいようと決めたのでした。

最近になって、亡くなった人への想いが詰まったメッセージを立て続けにもらって、いろいろと考えてみました。そこで気がついたことがあります。

『運玉』という本に、秀吉さんは豊国廟にいます、と書きました。会いに行くのなら神社ではなく廟に行かれたほうがいいですよ、と。

本が発売されてから、びっくりするくらい「豊国廟に行きました！」というメッセージをもらいました。その中には、「本当だったんですね。秀吉さん、いました～」「私にも見えました！」と、見えたことを報告してくれた人が何人かいました。

秀吉さんが横に座ってくれたような感じがしました、優しい感じがしました、喜んでくれているようでした、居心地良かったです、胸のあたりが温かくなりました、見送ってくれていたと思います、と自分の霊感で秀吉さんを感じることができた人は結構多くいました。

しんどい石段を登っていて引き返そうと思ったら上から降りてきた人が「頑張って」と声をかけてくれました、秀吉さんが私にもわかるようにサインをくれたのですね、とか、蝶々が寄ってきました、登りきった瞬間に雲に隠れていた太陽が出て日差しがパーっと当たりました、とサインのほうに気づいた人も多かったです。

皆さん、霊感での感じ方やサインの受け取り方がわかってきて、まだ見えなくても聞こえなくても、人物を感じることは十分できているのです。

ということは、出羽三山でも同じように見える人は何人かいるかもしれないし、感じ取れる人も多くいるのかもしれません。なにかサインを送ってきた場合も受け取れる人が多くいるわけで、そろそろ書いても大丈夫かもしれない、と思いました。

出羽三山での出来事は、そこからの私の人生をより輝かせてくれて、神様への信仰心を一層深いものにしてくれました。この体験だけでも今世に意味があった、と思ったくらい素晴らしいものでした。

近しい人を亡くして心が晴れない方が、もしかしたらあの山で何かを得るかもしれず、そうなってくれればいいな、という願いを込めて書こうと思います。

ここで最初にお断りしておきたいのは、亡くなって時間が経過すれば経過するほど、会いやすくなるということです。というのは、会わせてくれるのが仏様ではなく神様だからです。

49日を過ぎてすぐだと、まだまだ死後の魂のメンテナンス（他に当てはまる言葉がないのでイメージとして使っています）がされておらず、高波動になっていませんからちょっと難しいかと思います。ちなみに成仏していない幽霊だったら、出羽三山では絶対に会えません。波動が違いすぎるので、物理的に無理なのです。

亡くなって時間が経っていて、生まれ変わる時期が近いという魂だったら確実に来てくれます。生まれ変わる直前の魂は修復が完全に終わっていて、亡くなった直後の魂に比べると非常にピュアで高波動です。ですから神様が連れて来やすいのです。

亡くなったのがお子さんだったらピュアなまま亡くなっていますから、こちらは時間が経っていなくても来やすいのではないかと思います。

亡くなって1年以上が経過していても、魂の傷が深いとかでメンテナンスが終了していなければ会えない可能性もあります。

もしも、わざわざ行ったのに見えなかった、聞こえなかった、感じることができなかったとなっても、その時は月山の神様に伝言を頼むことができます。それは亡くなった人へのメッセージではなく、あちらの世界にいる高次の存在への伝言です。

亡くなった人の手厚いご加護やサポートを直接お願いすることができますので、無駄足に終わるということはありません。月山の神様はあちらの世界の高次の存在や魂とコンタクトができる非常に珍しい神様なのです。

●湯殿山　～探して連れて来てくれる神様

出羽三山は山形県にあります。

月山・羽黒山(はぐろ)・湯殿山(ゆどの)の3つを総称して出羽三山と言います。修験道を中心とした山岳信仰の山で、現在でも多くの修験者や参拝者が訪れる場所となっています。

なぜ出羽三山だけが死後の世界と関われるのか、どうして特別なのかは私にはまだわかりません。ただ、神様の間では広く知られている有名な話のようで、私も別の神様にこの特殊な神域のことを教えてもらいました。

参拝のスケジュールとしては、1日目に湯殿山と羽黒山に登り、2日目は朝から月山に登ります。ですから2日必要です（月山は必ず朝から登ります）。1日目を湯殿山、2日目に羽黒山、3日目に月山はどうなのかというと、あまりお勧めできません。

本来なら地上に降りられない魂に無理して来てもらうわけですから、長く引き留めることはしないほうがいいと思います。ですので、何とか2日で参拝を頑張って下さい。

では1日で全部回るのはどうかというと、月山は朝から登らなければいけないので物理的に不可能です。目的が、亡くなった人と会うという場合、参拝の順番は変えてはいけません。

そうではない、普通の参拝だったら順番は関係ないです。


まず湯殿山の参拝です。

私は山形まで高速バスを利用したので、山形駅には早朝に到着しました。駅前でレンタカーを借り、車で行きました。

湯殿山神社にはとても大きな駐車場があります。駐車場から本宮までは少し距離があります。そのため「参拝バス」と呼ばれる、駐車場と本宮間を往復しているバスがありました。バスに乗れば楽々、本宮まで行けます。

これも通常の参拝なら問題はありませんが、亡くなった人に会わせてもらうという特別なお願いをするわけですから、ここは失礼のないよう正式にご挨拶をしなければなりません。徒歩で登りました。山道は少し傾斜がありますが登山というほどしんどいものではなく、所要時間は約20分です。

湯殿山の神様はとても大きくて強い神様です。そのせいかちょっぴり厳しめです。人によっては、怖いと感じるかもしれません。それくらい強烈なパワーを持っているのです。

駐車場の大鳥居から歩いていて、つい別のことを考え、しばらく無言で登っていました。すると、猛烈な風が吹き始めました。ススキがなぎ倒されそうになるくらい吹いています。雨もバラバラと落ちてきます。

あ！　やば！　と思う間もなく、

「お前は誰か」と厳しめに聞かれました。

どうしてそんな質問をされたのか、その時はわかりませんでしたが、どうやら私は光って見えているようです。別の神社でも同じように言われたことがあって、なぜそんなことを言うのか逆に質問をしてみたらそのような答えが返ってきました。人間で光っているのは珍しいからとも言われました。これはきっと私に縁を下さっている神々の影響だと思います。

慌てて自己紹介をしました。

自分の神様歴も詳しく話し（どこの神社に通っているのか、どの神様が縁を下さっているかとか、子どもの頃よく参拝していた神社はここで……などです）、それから、なぜ関西からはるばる出羽三山に来たのかその理由、私の当時の状況や心境、思っていることなどをすべてお話しました。

神様は黙って静かに聞いていて、私が長い自己紹介を話し終えるとそのままどこかへ行ってしまいました。そこでちょうど本宮に到着しました。

この神社とは普通の神社とはまるで違います。とても珍しい形態というか参拝方法というか祀り方というか、行かれた方は心に残る神社になると思います。

参拝するためには裸足にならなければいけませんので、足拭きタオルは必携です。持参していないとハンカチでチマチマと拭く羽目になります。

参拝の前にお祓いを受けていよいよ境内に入ります。

この神社のことは「語ってはいけない」ということになっているので、どこにも情報がなくいつもにも増して予備知識なしで行きました。

境内に入って「えぇぇーーーーーっ！」と驚きました。

識子さん、それ、驚き過ぎですよ、と思われるかもしれませんが、大袈裟に言っているのではありません。びっくり仰天します、心底驚きます。これ以上は書けませんが、「す、すごいぃー！」と大感動です。

神様のものすごく強いパワーと波動がもらえますし、心身ともにスカーッと浄化してもらえます。いただいたエネルギーが体からはみ出る、というくらい充電してくれます。ありがたい神様です。

山岳系ですから、基本お願いは何でも聞いてもらえますので、亡くなった人に会わせてほしいというお願いでなくても、大丈夫です。

ちなみに神様はご神体と言われるところではなく、山の上空にいました。

本宮参拝を終えて、来た道を駐車場までとことこと歩いて戻ります。バスは使いません。

この時から、自分の回りでかすか〜な気配がしていました。それは空気の温度が0.1℃違うというような、わかるかわからないか程度のほんのわずかな気配です。

その時点では「ん？」と思うだけです。これは亡くなった人の気配なのですが、あちらの世界の高いところから3次元のこの世に来るので、最初は適応していないのです。気づくか気づかないか微妙なところです。

湯殿山の神様が願いを聞き入れて、あちらの世界へ行って探して下さり、連れて来てくれたのでした。

●羽黒山　〜存在を濃くしてくれる神様

湯殿山の参拝を終えて、そのまま羽黒山へ行きます。

ここももちろん、歩いて登ります。羽黒山の登山は片道1時間弱というところでしょうか。楽には登れません。石段がず〜っと続く道でかなりきつかったです。

登りながら今度は羽黒山の神様にご挨拶をしました。湯殿山でしたように、丁寧にもう一回全

部最初から話します。会わせてほしい理由などは事細かに伝えます。

羽黒山の神様は湯殿山と違った柔らかい雰囲気です。神仏習合時の仏様の影響かもしれません。癒す力が大きいように思いました。

ヒーヒー言いながら山頂に着くと、大きな社殿があって、まずそこで手を合わせました。それからブラブラと山頂を散策します。

この神社には末社のお社がずら〜っと並んでいるところがあって、チラリと見ながら通ると、「まさかお前……スルーせえへんよな?」みたいな威圧感があります。全部に力のある神様が入っているようで、うわぁ、スルーして大丈夫か、と思いました。

しかし、湯殿山で歩き、羽黒山の1時間登山をした直後の私は、一つ一つのお社に手を合わせて挨拶をする……と思うと、もうそれだけで疲れたので、悪いけどスルー決定、と思いっきり素通りしました（特に注意されることもなく大丈夫でした）。

このお山の山頂にはいろいろなものがあって、歴史博物館もありました。せっかくなのでそこも見学しました。

羽黒山に登る時点では、亡くなった人の気配は湯殿山に引き続き薄いです。まだまだかすか〜な感じです。しかし、登るにつれて人の形がなんとなくわかっていきます。そしてそれが少しずつ少しずつ濃くなっていくのです。

霊感を研ぎ澄ますと明らかに自分のそばに誰かいる、ということが感じられます。

山頂に着いて社殿で手を合わせたり、博物館を見たり、他のものを見て、「さあ、下山しよう」と石段を少し降りたあたりでした。

私の名前を呼ぶ声が聞こえました。

え？　と見ると亡くなった人がそばに来てくれています。でもまだ姿形ははっきりとしていません。ですが、ああ、この人だ、と明白にわかります。

約1時間かけて下山している間に、ちょっとずつ存在が濃くなっていきます。時々声が聞こえて、向こうから話しかけてきます。

駐車場に着いて車に乗り込んでも、もう気配は消えず、そのまま宿泊施設まで一緒に行きました。

私が泊まった休暇村という施設は羽黒山のふもとにあるからか（神様の波動が及ぶ地域だと思われます）、ホテルでも時々、話しかけてくるし、姿も見えました。でもず〜っと一緒というわけではなく、現れるのは時々でした。

食事をしている時などは向かいの席に座って「おいしい？」とニコニコしながら聞いてきて、1人で行ったのですが1人ぼっちではなく、楽しいひとときを過ごしました。

●月山　〜天上に連れて帰ってくれる神様

翌朝は、朝からそばにいました。前日よりももっと存在が濃くなっています。出羽三山の神域はすごいです。

この宿泊施設は月山登山で早朝にホテルを出発する人が多く、私も昼食用のお弁当を作ってもらって（有料でそのサービスがあります）早くに出発しました。

車が月山のエリアに入ると、人物がハッキリわかりますし、姿が見えます。

駐車場に車を停めて登山を始めると、それまでは時々しか出てこなかったのに、ずっとそばにいて一緒に登るのです。ですから、神様にご挨拶をして神様と話す以外は、亡くなった人と会話ができます。

ゼーゼーとへばっていると後ろから押してくれたり、つまずいてバランスを崩すと支えてくれたりもします。いろんなアドバイスをもらったりもしましたし、あの時はこうだったという裏話なんかも聞けました。夢のようなひとときでした。

しかしですね、半端なくきついです、登山が。ゼーゼーヒーヒーとしんどすぎて、自分の都合で会話がしょっちゅう中断します。

今までの登山で一番しんどかったのがこの山で……と散々書いてきましたが、はて？　と何かが心に引っかかり、改めてちゃんと調べたら、月山は八合目まで車で行けるようになっていました。というか登山口が八合目なのです。ここから山頂までが、所要時間2時間半〜3時間です。「あれ？　だったら飯縄山の登山のほうがしんどいんじゃん」と、かなり「？？？」となりましたが、ああ、そうか、と理由がわかりました。

この頃の私は霊山登山で高い山はまだあまり経験していなくて、山登りに慣れていなかったのでした。しかも当時、運動不足もいいところで、今のように体力作りの努力もしていませんでした。だから余計しんどく感じたってわけね……と気づきましたが、でも私の中ではこの山が一番しんどかったことに変わりはなく、もう一回登って下さい、と言われても……首を縦に振らないと思います。

石ゴロゴロの傾斜のキツイところを登り、賽の河原のような場所を風にぴゅーぴゅーあおられつつ歩き、狭い岩場をギリギリで歩き、登拝した日は霧が濃くて視界も悪かったです。登り始めは雨が軽く降っていて30分くらい降り続いていていました。

月山の神様はこれまたものすごーーく強く、波動が高く、厳しいのだけれど、海よりも深い優しさを持っている神様です。いろんなことを教えてくれました。

永遠に山頂には着かないのでは？　と思われた登山も、神様の慈悲のおかげでなんとか無事に登ることができました。

山頂には本殿となる小さなお社と、山小屋？　と、授与所？　がありました（ずいぶん前なので記憶が曖昧になっているのと、号泣していたのでよく見ていないせいです）。

まずお祓いを受けてから本殿へ参拝します。本当に小さな小さな社殿でした。

手を合わせて、亡くなった人に再会させてもらえたお礼を言う前に、まず自分でいつものように祝詞をあげました。

すると！　月山の神様が（神様は存在しか見えません）亡くなった人の手を取って、しゅーん！と一気に、まっすぐ天に昇って行ったのです。

神様みずから責任を持ってあちらの世界に連れて帰ってくれるのです。その優しさがわかった瞬間に、もう泣けて泣けて……号泣です。

そのまま祝詞を唱え終えて、この素晴らしい体験のお礼を言いました。再会させてもらえたお

かげで、「次の転生を頑張ってね」と自分の口から伝えることができました。誤解とかそういうものも解けてスッキリしましたし、本当に楽しくて充実した時間を過ごすことができました。この２日間は私にとってかけがえのない大事な宝物になりました。

神様にお礼を言い終えて顔を上げると、亡くなった人の姿も気配もきれいさっぱり消えていました。

あ～、あちらの世界に帰ったんだなぁ、と思うと、心からありがたいと思う深い感謝の念がじわ～っと湧いてきました。来てくれたその人に対してもそうですが、出羽三山の神様に対してのほうが強かったです。

あちらの世界を探して、連れてきて下さった湯殿山の神様、存在を濃くしてコンタクトしやすくしてくれた羽黒山の神様、さらに奥深いことを教えてくれて最後にあちらの世界に連れて帰って下さった月山の神様……。

神様は人間に対して無償の愛を持って下さっている、ということを実感として教えてくれたのは、ここの神様方です。

私は（人間は）神様に対して何もしてあげることができません。一方的にしてもらうばかりです。それでも神様は、願いを聞くという形で、惜しみなく私たちに与えてくれます。与え続けてくれるのです。これは「愛」とか「慈悲」という言葉では表現しきれない、もっと深いもっと温かくて大きなものです。

神様とは、何とありがたい存在なのか……、と思うとまたしても涙がドバーッと出て止まりませんでした。魂が震えるという表現がありますがこの時がまさにそうで、魂が感激していました。そしてこの時ほど、わかる能力が発達していることを天に感謝したことはありません。

私がしゃくりあげて泣くので（我慢できるレベルではなかったです）、その近くにいた数名の人が「ど、どないしたん？」「だ、大丈夫？」みたいに見ていました。

恥ずかしかったので、急いで境内から出ました。

神社の境内を出て石に座って休憩をしていたら、あれだけ天気が悪かったのに空が晴れていることに気づきました。いつの間にか爽やかな青空になっています。

その天の高～いところ、ちょうど真上のあたりから私の名前を呼ぶ声がかすかにしました。仰ぎ見ると、遥か彼方にいるようで、もう姿は見えません。

そこから最後の声が聞こえました。

「ありがとう！」

私も「ありがとう！」と答えました。亡くなった人とはそれっきりでした。その後は二度と気配を感じることはありませんでした。

登りは2人でしたが、帰りは1人です。ちょっぴり寂しくもありましたが、不思議と心はすっきり晴れ晴れとしていました。

神様の思いやりでそれまでどんよりしていた空もスカッと澄み切っており、美しい山の景色に心が洗われました。

神様に聞くと、出羽三山の神域だから亡くなった人が降りて来られるのだそうです。本来なら生まれ変わる世界のほうへ行くので、地上近くには降りられないとのことでした。

たった1人の人間を探すのは大変だったのではないかと思います。

何回か参拝している顔見知りというのならまだしも、初めて来た人に労力を惜しみますここまでして下さったのです。この時のことを思い出すといろんな意味でいまだに泣けます。

神様と共に歩む人生は素晴らしい、神様がそばにいて下さる人生はありがたい、と深い感銘を受けた体験です。神様を「知る」ことができたこの人生は、それだけで生まれてきたかいがあったとさえ思います。

もしかしたら、この時の私のように大感動して何かを学ぶ方がいるかもしれず、今回このお話を書くことにしました。

私と同じ手順を踏めば、神様はえこひいきはしませんから、同じように亡くなった人を探して連れて来てくれると思います（どうしても連れてくることができない場合は除きます）。

あとは感度の問題ですが、まったく何も感じないということはないのではないか、と思いますが保証はできません。そばにはいますので、わかりにくい場合は「わかるサインをちょうだい」と言えば何かしらサインをくれるかもしれないと思います。

出羽三山の神様は素晴らしい神様です。珍しい分野の神様でもあり、湯殿山だけとか、羽黒山だけでも行かれてみてはいかがでしょうか。

湯殿山は駐車場から参拝バスがありますし、羽黒山は車でも登れるらしいです。お身体が不自由な方もご高齢の方も、月山以外は参拝できることと思います。愛情深い神様方ですからお願いも聞いてくれやすいのではないかと思います。

スピリチュアルの不思議44

早世する子ども

崇高な魂

●早世する子ども　～崇高な魂

私の母は4姉妹の長女です（実は異母兄がいるのですがややこしいのでここでは考えないことにします）。

次女は2歳年下で、三女は6歳年下になります。この次女と三女の間には長男がいました。

長男は重い障害を持って生まれました。長女である母は大好きなこの弟の面倒をみることが苦ではなく、とても可愛がっていました。

長男はたまに引きつけを起こしていて、そういう時は仏壇の「おりん」が役に立っていました。引きつけを起こすと母はすぐ仏壇に「おりん」を取りに行き、長男の顔の前で鳴らしていました。

「こうやって鳴らしていた」というその手つきを見ると、小さな棒を持ってチーンと鳴らすお椀型の「おりん」ではなく、ハンドベルのようなものでした。ハンドベルは上向きに鳴らしますが、母は下向きに鳴らす仕草をしていました。

調べた結果、おそらくそれは「金剛鈴（こんごうれい）」だったのだろうと思います。

その「金剛鈴」をチーンと鳴らすと、長男の引きつけはスーッと収まり、安らかな顔になってスヤスヤと寝ていたのだそうです。

〝必ず〟治っていた、不思議だった、と母は今でもそう言っています。

次女はまだ小さかったのですが、それでも「そういえば病気の男の子がいた」と記憶していました。

そんなある日、また引きつけを起こしたので、いつものように仏壇まで走って「おりん」を取りに行き、長男の顔の前でチーンと鳴らしました。

その瞬間に、中の金属の玉がポトリ、と落ちたそうです。その後間もなく長男は亡くなった、ということでした。たしか2歳くらいまで頑張って生きたよ、と母は言っていました。


玉が落ちてすぐに亡くなった、不思議やったわ～、と言うその話を聞いていて、「ああ、それは長男が幼かった母にありがとう、と伝えたかったのだな」と思いました。

重度の障害があったそうですから、話すこともできなかっただろうし、微笑むこともできなかったのではないかと思います。

そろそろあちらの世界に帰ることを知っていた長男の魂は、自分が引きつけを起こして苦しい時に、仏壇まで走っていって「おりん」を鳴らしてくれる幼い姉になんとか「ありがとう」を言いたかったのだと思います。

しかし伝える手立てがありません。そこで玉を落としてみせたのでしょう。

別の事柄、例えば思いがけない人からお菓子をもらうとか、お小遣いをもらうなど全然別の出来事でありがとうと伝えても、長男と結びつかないので気づいてもらえません。

長男と母を繋ぐ唯一のものが「おりん」だったのです。

実際に母はその時も、そして今も、玉が落ちたことを不吉な出来事とは受け取っていなくて、不思議だった、と言っているのです。5歳か6歳の純粋な時に感じた、その感覚のままなのだと思います。

幼い子どもを亡くした当時の祖父と祖母はどんな気持ちだったのか……どれほどの悲しみに包まれたのか……今では知る由もありませんが、それはつらく苦しい体験だったと思います。

きっと長男の死から、寿命や運命、生きるということと死ぬということ、障害など多くのことを学び、神仏に寄り添って生きて行く決心をしたのではないかと思います。この当時、祖母はまだ霊能者ではありませんでした。

『ひっそりとスピリチュアルしています』という本に、この世に生まれてこなかった水子のお話を書いていています。重複するので詳しいことは省きますが、水子は大好きな母親のために、自己犠牲で自分の一生を諦め、あちらの世界に帰って行きます。

ですから、ごめんねと謝罪するのではなく、ありがとうと感謝すべきなのですよ、ということを書きました。流産も死産もほとんどがそうなのです。

では、早世した子どもはどうなのでしょうか？　この世に生まれてきたけれど、すぐにあちらの世界に帰っていった子どもたちです。

出羽三山のところでもチラッと書きましたが、生後何ヶ月かで亡くなったお子さんや、2歳とか3歳とか、可愛い盛りに亡くなったお子さん、まだ小学生なのに逝ってしまったというお子さん……その親御さんから、何か言いたいのではないか、何か欲しいものがあるのではないか、できれば教えてもらいたい、というメッセージをたまにもらいます。

どうして亡くなったのか、その意味を知りたい、ということも書かれています。

幼い子供が亡くなる理由は、〝調整〟がほとんどです。もう生まれてこなくていいほど霊格が高く進化しているのですが、カルマがほんの少しだけ残っているという場合です。

人間界で作られたカルマは、人間界で返すしか方法はなく、あちらの世界ではどうしても解消出来ません。生まれてきて、この世界で返すしかないのです。

それは例えば、叩かれたから叩き返す、裏切ったことがあるから裏切られる立場になる、という同種類の返し方ではなくて、違う方法、別の種類に変換して返します。

本当は輪廻の最後となる前世ですべて解消しておくべきカルマですが、ほんの少しだけ残っていて、どうしても調整しなくてはいけないという場合もあるのです。

単純に「この世で過ごす時間」だけの調整もあるかもしれません。

そういった目的で生まれてきていますので、調整が完了すればすぐに帰っていきます。長居はしません。なぜなら、余分に長く生きていると別のカルマを作ってしまい、それをまた解消しなければいけなくなるからです。

最初から早世する予定で生まれてきますので、両親は慎重に選んでいます。人間界最後の人生ですから、それ相応のレベルの両親のもとに生まれています。

早く帰るにあたって、両親には申し訳ないと思っていますが、それよりも何倍も何十倍も感謝しています。人間界最後の人生を温かく終わらせてくれてありがとう、愛に満ちた最後をありがとう、という感謝です。

私が最初の結婚をしていた時、サークル活動でAさんと知り合いになりました。Aさんは、おっとりとした優しい、性格の丸い人で、子どもは3人いました。

その末っ子の男の子が3歳で、インフルエンザのため亡くなりました。（20年前の話です）

その男の子は親がサークル活動をしている間、他の子どもたちと遊んでいたのですが、何かが普通の子とは違っていました。

同じように騒いで走り回っていたのですが、子どもの強い生命力や、元気いっぱいの弾けるエネルギーみたいなものが希薄で、どこか悟りをひらいたお坊さんのような柔らかさというか、達観した雰囲気がありました。この子が生まれた時から知っていましたが、ずっとその印象は変わらず、不思議な子だな～と思っていました。

この男の子はすぐには亡くならず、脳死になって、約3ヶ月間生きていました。

Aさんは最初取り乱していましたが、脳死でももしかしたら戻ってくるかもしれない、と一縷の望みを繋いで看病をしていました。「頑張って！　死なないで！」と声をかけていたそうです。

ですが、子どもの体が徐々に機能しなくなっていく現実を見て、ついには目の角膜が白く濁った時に、ああ、もう駄目なんだ、と諦めがついたそうです。

そして、これ以上引きとめたらかわいそうだと思い、「つらかったね、ごめんね、もう逝ってもいいよ」と声をかけました。

その子はそれを聞いて、安心したのか、その後すぐに亡くなりました。きっと、「お母さんはもう大丈夫」と思ったのでしょう。母親が取り乱している時に逝かなかったのは、親を思う気持ちが強かったからだと思います。


この子のように〝調整〟で生まれてきた場合、亡くなってすぐに成仏します。そのまま高い世界に行きますので、思い残しなどはありませんし、食べたい物や欲しい物などもありません。

食べたい、飲みたい、とひどく飢えているのは成仏していない霊です。

早世した子どもさんは崇高な魂ですから、地上をさまようようなレベルではなく、この心配は無用となります。

何か言いたいのでは？　と親御さんは心を痛めておられますが、言いたいことはひとつだけです。「お父さん、お母さん、ありがとう」です。これ以外の言葉はないと思います。


〝調整〟で来た場合、早く帰ることを本人は最初からわかっています。ですから「子どもが早く帰る」ことが両親にとって学びになる家を選んで生まれることもあります。祖父母の長男のような場合です。

調整ではない早世もあって、これは稀なパターンですが親に自分の寿命をあげるとか、親を救うために、ということもあります。人の事情は様々なのでそれ以外にも理由はありますが、ほぼ調整だと思って間違いないです。

ある程度大きくなった高校生や20歳くらいで亡くなる場合も調整だったりしますが、こちらは「長く生きて魂を汚さないため」ということもあります。ピュアな美しい魂のままで帰らなければいけない人たちです。

あちらの世界で待っている人からすれば、20年で帰ってくるのも、70年で帰ってくるのも、そんなに違いはありません。どっちみち帰ってくるわけですから、早いからかわいそう、遅いからよかったね、ではないのです。こちらの世界で過ごした時間は関係ないのです。それよりも魂が汚れて帰ってくるほうが大問題です。ピュアなままで帰ってこなければいけない人、だからです。

最初から20年という寿命の人もいます。全員が80歳90歳で寿命を設定しているわけではありませんから、20歳が寿命であれば早世してかわいそう、という言葉は当てはまらないことになります。

大きなことを来世で成す予定の人は、それに備えて早めに帰ったりもするようです。いずれにしても、早世する子どもは霊格が高いです。ですから、さまよっているかもしれないと不安にならなくても大丈夫です。

そのような仕組みとはいえ、お子さんを早くに亡くされた方は、大変おつらいことと思います。何年経っても心の痛みは消えず、苦しまれている方もいらっしゃるのではないでしょうか。このお話が少しでも何かのお役に立てば……と、心から願ってやみません。

あとがき

桜が満開だったある春の日、美しいその光景を映像に撮っておこうと考え、出かけて行きました。

桜の名所は人が多くてメインとなる場所でのムービー撮影は難しく、周辺をあちこち歩いてみました。するとすぐ近くに、桜が程よく植えられている細い遊歩道があることに気づきました。そこだとほとんど人が来ません。

良い場所を発見した私は桜を下から映したりアップにしたりして、張り切って撮影をしていました。そこに、向こうから高齢のご夫婦が歩いてきました。どちらも腰が少し曲がっていて、足もちょっとお悪いように見受けられました。

お2人とも80歳はゆうに超えています。早く歩けないせいもあって、ゆっくりのんびりと近づいてきました。

夫婦仲良く桜を鑑賞しに来たんだな〜、と思っていると、夫のほうが時折小さな声で

「はーい」と言っています。「はーい」「はーい」と、繰り返しているのです。

「はて？」と、一瞬考えましたが、すぐに答えはわかりました。

夫は「ホーホケキョ」と鳴くうぐいすに、「はーい」と返事をしてあげているのでした。鳴くと必ず返事をします。ああ、素敵な方だな、とチラッと拝見すると、夫は嬉しそうにうぐいすがいる方向を見ていました。そしてその横で妻はニコニコしています。

その場所での撮影が終わったため、私も移動をすることにしてご夫婦と一緒に遊歩道をてくてく歩きました。

夫だけが動物好きなのかな、と思っていると、妻も時々返事をしています。注意して聞いていると妻のほうは、うぐいすが「ヒー！　ホケキョ」「ホーホケッキ、キョ」と、失敗してうまく鳴けなかった時に、「はぁい～」と優しく返事をしているのでした。心に安らぎを与えてくれるいいご夫婦だな～、とほのぼのしました。

私は次の撮影ポイントとなるところで立ち止まりましたが、お2人は「はーい」「はぁい～」と小声で返事をしながら、先へと歩いて行かれました。

夫がうぐいすに返事をしていたら、「恥ずかしいからやめてちょうだい」とか、「人が変に思うから黙っててよ」と言う妻も世間にはいると思うのですが、と言うか、そちらのほうが多いように思うのですが、このご高齢の妻はそんなことは言いません。一緒になって失敗したうぐいすを励ましていました。

長い人生ですからこのお年になるまでの間に、つらいことや苦しいことがたくさんあったと思います。大きなケンカもしたでしょうし、離婚を考えたことも1回や2回ではないかもしれません。

どちらかが病気をして大変な時期があったかもしれませんし、お子さんのことで心を痛めたことがあったのかもしれません。平穏無事に60年前後の結婚生活を過ごしてきたのではないと思います。

しかし、うららかな春の日にこうして2人でのんびりと散歩をして、満開の桜を見ながらうぐいすの声にニコニコと耳を傾けています。

終わり良ければすべて良し、という言葉が思い浮かびました。

人生がどんなに厳しくても……例えば、苦しくて泣きながら耐えた日々があっても、つらくて自暴自棄になった日々があったとしても、老後は桜やうぐいすを愛でることができる人になっている……そんな人生だったら、百点満点をもらえるのではないかと思います。それは試練に心が負けなかった、心を歪ませなかったということだからです。

私も自分の人格をこのように仕上げたいと思いました。神仏に近い幅のある穏やかな心を持った、ゆったりとした人格を目指したいです。
ありがたい気づきをいただき、去っていくお2人の後ろ姿に心の中で合掌しました。
日ざしが優しいのどかな春の日の出来事でした。

桜井識子

桜井識子　さくらい　しきこ

神仏研究家、文筆家。
霊能者の祖母・審神者の祖父の影響で霊や神仏と深く関わって育つ。
神社仏閣を2,000ヶ所以上参拝して得た、神様仏様世界の真理、神社仏閣参拝の恩恵などを広く伝えている。神仏を感知する方法、ご縁・ご加護のもらい方、人生を好転させるアドバイス等を書籍やブログを通して発信中。

『新装改訂版 "識子流"ごりやく参拝マナー手帖』『お稲荷さんのすごいひみつ』(ハート出版)、『神様のためにあなたができること 文庫版』(PHP研究所)、『ごりやく歳時記』(幻冬舎)、『おみちびき』(宝島社)、『100年先も大切にしたい日本の伝えばなし』(KADOKAWA)など著書多数。

「桜井識子オフィシャルブログ〜さくら識日記〜」
https://ameblo.jp/holypurewhite/

装幀画：**水沢そら**

北海道函館市出身。バンタンデザイン研究所卒業後、MJイラストレーションズに学ぶ。TIS会員。

神社仏閣は宝の山

平成28年6月1日　第1刷発行
令和5年11月20日　第8刷発行

著　者　桜井識子
発行者　日高裕明
発行所　ハート出版
〒171-0014 東京都豊島区池袋3-9-23
TEL03-3590-6077　FAX03-3590-6078

ISBN978-4-8024-0019-0　C0011

印刷・製本/中央精版印刷　編集担当/日高　佐々木